LARA BETTE

GENERATION Bujo

DAS ANLEITUNGSBUCH
FÜR SCHÜLER & STUDENTEN

Step by Step: Stundenplan, Monatsübersichten, Serien-Tracker, Illustrationen und viel mehr

EMF

EIN BUCH DER
EDITION MICHAEL FISCHER

Inhalt

Vorwort

Hallo, ich freue mich sehr, dass du dich für dieses Buch entschieden hast! Ich werde dir darin verschiedenste Anleitungen und Inspirationen geben, wie auch du dein perfektes Bullet Journal führen kannst.

Mittlerweile gibt es Hunderte verschiedene Kalender zum Ausfüllen. Mal sind es klassische Terminkalender mit minimalistischem Look, mal sind es liebevoll designte Kalender mit Platz zur kreativen Gestaltung. In vorgefertigte Monatsübersichten und Listen kannst du hier deine Termine eintragen und abhaken.

Wenn es dir aber so geht wie mir, dann reicht dir das nicht.

Ich habe irgendwann während meiner Schulzeit gemerkt, dass ich gerne meinen kompletten Schulalltag und auch meine Freizeit selbstständig planen und gestalten möchte. Vorgefertigte Planer haben mir weder geholfen noch gefallen. Dann habe ich von dem Trend des Bullet Journaling erfahren und wusste genau, dass das etwas ist, was ich machen möchte.

Die Vorstellung, ein Blankobuch nur mit meinen Ideen und Anliegen zu füllen, eröffnete mir ganz neue Türen. Ich konnte endlich Listen für das gestalten, was ich brauchte, ich konnte meine Wochen- und Monatsübersichten so aufbauen, wie es für mich am sinnvollsten war. Außerdem konnte ich so meine Liebe zur Kunst und zur Kreativität weiter ausbauen.

Falls du es magst, deinen Alltag selbst zu strukturieren und deinen Planer selbst zu gestalten, dann ist dieses Buch genau das Richtige für dich. Mit einem Bullet Journal kannst du dein tägliches Chaos im Handumdrehen bändigen.

Ich zeige dir mit gut verständlichen Anleitungen, wie du ganz einfach deinen Kalender zu deinem eigenen Vorteil nutzt und gleichzeitig deine Kreativität ausleben kannst.

Und jetzt leg einfach los! Ich wünsche dir viel Freude beim Gestalten deines eigenen BuJos und hoffe, das Buch begleitet dich dabei auf Schritt und Tritt.

Deine

Lara

M D M D F S S
1 2 3 4 5 6
7 8 9 10 11 12 13
14 15 16 17 18 19 20
21 22 23 24 25 26 27
28 29 30
SONG DER WOCHE
Martin & Gina
Polo G
ARBEITEN
19⁰⁰
14
15
16
AIR
KINO
21⁰⁰
Emily
65

Bullet Journals

Eine kleine Einleitung zum Bullet Journal

Was ist ein Bullet Journal?

Grob gesagt ist ein Bullet Journal ein kreativer Kalender, Planer oder Notizbuch. Als Erfinder des Bullet Journal wird der Designer Ryder Carroll gesehen. Er hat eine Methode gesucht, um sein Leben zu strukturieren, und entwickelte so das System des Bullet Journalings.

Ursprünglich diente das Bullet Journaling dazu, seine Produktivität zu fördern. Mittlerweile geht es aber um einiges mehr: Sucht man heutzutage den Begriff „Bullet Journal“, findet man liebevoll und aufwendig gestaltete Seiten. Neben deiner Produktivität und Organisation soll ein Bullet Journal auch deine Kreativität fördern. Denn ein Bullet Journal kann so viel mehr sein als ein Kalender!

Es kann dein Skizzenbuch, dein Erinnerungsbuch, dein Tagebuch und noch vieles Weiteres sein. Die Seiten sind blank, bis du sie mit deinen Ideen und Organisationstools füllst und daraus dein eigenes Werk schaffst.

Für wen eignet sich ein Bullet Journal?

Jeder kann ein Bullet Journal führen. Und das kann dabei jeder auf seine ganz eigene Art und Weise machen. Du musst dafür nicht besonders künstlerisch begabt sein, du kannst es so gestalten, wie du möchtest.

Sei es ein minimalistisches Design oder ein aufwendig ausgedachtes Layout. Du musst dich nicht irgendeiner Vorlage anpassen, sondern dein Buch passt sich an dich an.

Allerdings sollte dir bewusst sein, dass ein Bullet Journal mehr Zeit in Anspruch nehmen kann als ein klassischer Kalender.

WARUM SOLLTEST DU EIN BULLET JOURNAL FÜHREN?

Neben der Welt, die nur in deinem Smartphone oder Laptop stattfindet, ist ein Bullet Journal eine wunderbare Möglichkeit, davon Abstand zu nehmen und mit einem Stift in der Hand analog zu arbeiten. Für manche mag es ein schwerer Umstieg sein, für andere ist es der nötige Ausgleich zum digitalen Leben.

Ich persönlich nehme mir super gerne ein-, zweimal in der Woche Zeit, um die Seiten zu gestalten. Für mich ist das Eintragen im BuJo ein optimaler Gegenpol zum stressigen Alltag: So kann ich Abstand zu allem gewinnen und den Kopf ausschalten, die Termine und To-dos aus dem Kopf loswerden und auf das Papier bringen. Und das kann es für dich auch sein. Denn wie gesagt, wirklich jeder kann ein Bullet Journal führen.

WAS KOMMT IN DIESEM BUCH AUF DICH ZU?

Dieses Buch hilft dir dabei, ein Bullet Journal zu führen. Es ist sowohl für Anfänger als auch für Leute gedacht, die schon ein bisschen Übung im Journaling haben. Es soll dir dazu dienen, Bullet-Journal-Grundlagen zu verstehen, Inspiration zu finden und dir Anregung geben, diese direkt auf dein Bullet Journal zu übertragen.

Du wirst in diesem Buch nachvollziehbare Schritt-für-Schritt-Anleitungen, besondere Layouts, die du selbst sofort ausprobieren willst, und spezielle Tipps finden, die dir deinen Alltag mit dem Bullet Journal erleichtern.

Viel Spaß beim Lesen, Inspirierenlassen und Mitmachen!

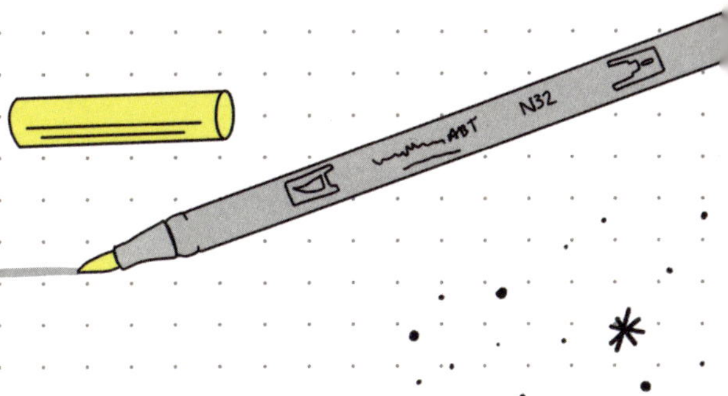

Materialien

Das Journal

Wahrscheinlich ist dir schon aufgefallen, dass es eine unglaublich große Auswahl an Bullet Journals und Notizbüchern gibt. Ich weiß, wie schwer es ist, sich hier zu entscheiden, aber ich hoffe, ich kann dir bei der Auswahl helfen, wenn ich dir ein paar Dinge nenne, auf die du beim Kauf achten solltest.

Die Seiten

Selbstverständlich ist es möglich, sein Bullet Journal in einem Blanko-Notizbuch zu führen. Allerdings finde ich, dass „dotted" Seiten, also Seiten mit Punkteraster, eine große Hilfe sind. Das gepunktete Muster gibt dir mehr Freiheiten als kariertes oder liniertes Papier, da Farben und Linien deutlich besser zur Geltung kommen. Trotzdem bieten die Punkte eine gute Hilfestellung beim Einteilen der Seite, da du nicht zwingend ein Lineal benötigst.

Die Kästchen

Um deine Seite in gleichgroße Bereiche beispielsweise für eine Monatsübersicht zu unterteilen, ist es wichtig, dass du die Anzahl der Kästchen durch drei oder vier teilen kannst – in der Höhe und in der Breite. Wenn du hierfür kein Lineal zur Hand hast, finde ich es sehr hilfreich, wenn zwei Kästchen genau einem Zentimeter entsprechen. So kann man ganz einfach die Punkte einer Seite zählen, um dann zum Beispiel gleichgroße Kasten zu zeichnen.

Die Dichte des Papiers

Um sogenanntes Bleeding (das Durchdrücken der Farbe auf die darauffolgende Seite) zu verhindern, solltest du darauf achten, dass dein Papier dick genug ist. Hierfür würde ich eine Papierdicke von mindestens 120 g/qm empfehlen, meines hat sogar 160 g/qm.

Sonstiges

Lesezeichen und Seitenzahlen sind eine große Hilfe, wenn du dir am Anfang deines Bullet Journals ein Inhaltsverzeichnis anlegen oder die aktuelle Woche schnell aufschlagen möchtest.

Mir war beim Kauf außerdem sehr wichtig, dass sich das Notizbuch im 180-Grad-Winkel öffnet, sodass sich das Buch ganz eben aufschlagen lässt. So klappen die Seiten beim Zeichnen oder beim Fotografieren nicht automatisch zu.

Toll ist auch, immer einen Stift dabeizuhaben, weshalb es für mich ein entscheidendes Argument ist, ob das Notizbuch einen Stiftehalter besitzt.

Tombow ABT
Water-Based
623
Tombow MONO drawingpen
Water-based pigment ink marker
01
0,5 cm
1cm
7cm ≙
14 Kästchen
4cm
≙ 8 Kästchen
Stifte Halterung
160
G/QM
180°
Lesezeichen
seitenzahl

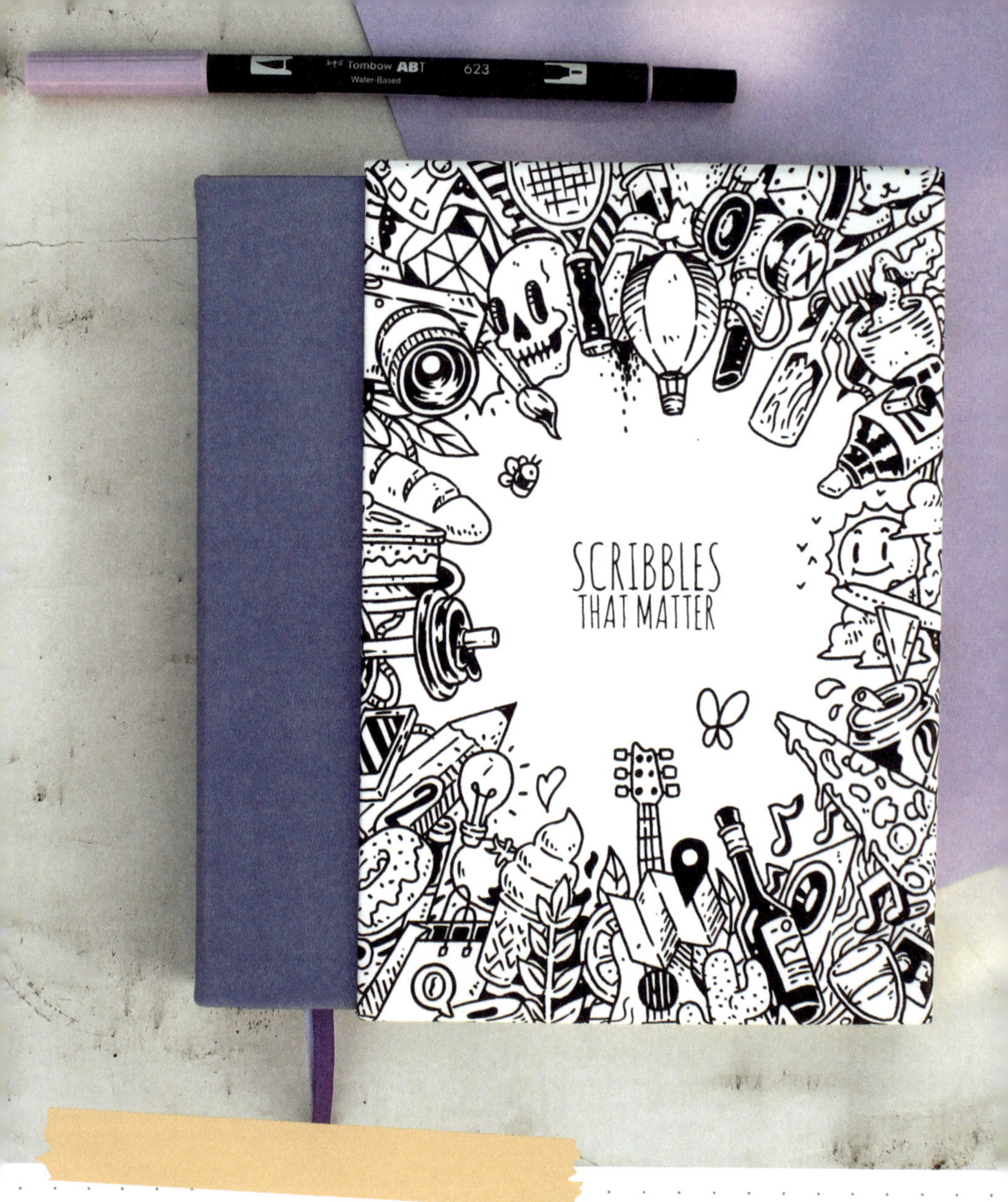

Ich habe mich beim Kauf für das Bullet Journal „Scibbles that Matter“ entschieden, und zwar in der Pro-Version. Es hat sehr dickes Papier, was sich für Illustrationen und größere Überschriften besonders eignet, da man davon auf der nächsten Seite nichts sieht. Außerdem ist auf jeder Seite die Seitenmitte markiert, was eine große Hilfe ist, wenn man etwas mittig positionieren möchte.

Stifte

Das wohl wichtigste Werkzeug für ein Bullet Journal sind gute Stifte. Die Geschmäcker hierbei sind sehr verschieden, aber ich würde dir gerne meine persönlichen Favoriten vorstellen.

Fineliner

Fineliner benötigst du für alles Mögliche, sei es um Kästchen zu zeichnen, filigrane Überschriften zu gestalten oder um deine Termine damit einzutragen. Ein guter Fineliner ist also unerlässlich. Ich benutze gerne vier verschiedene, die sich alle in ihrer Funktion etwas unterscheiden.

Der Tombow MONO hat eine sehr feine Spitze, hiermit kann man perfekt kleine Monatsübersichten zeichnen, feine Schatten bei Überschriften setzen oder filigrane Striche ziehen.

Der Edding Profipen und der Tombow Twintone sind zusammen mit dem Sakura Gelly Roll perfekte Begleiter für den Alltag. Mit ihnen schreibe ich meine Termine auf oder fertige kleine Illustrationen an. Außerdem trocknen diese drei Stifte sehr schnell, was mir persönlich sehr wichtig ist, da so nichts verschmiert, wenn ich etwas auf der Seite radiere.

Sie unterscheiden sich nur ein wenig in ihrer Strichbreite, hier kann man also je nach Vorlieben variieren.

Brush Pens

Brush Pens sind für mich genauso essenziell wie Fineliner. Sie sind das perfekte Werkzeug für Handlettering. Vielleicht hast du dich schon einmal erkundigt und festgestellt, dass es eine riesengroße Auswahl gibt. Ich kann gut verstehen, dass es hier für Anfänger schwer zu entscheiden ist, was geeignet oder ungeeignet ist.

Tipp

Für Anfänger würde ich Pinselstifte mit einer kurzen und eher festen Spitze empfehlen, da sie zum Einstieg leichter im Umgang sind.

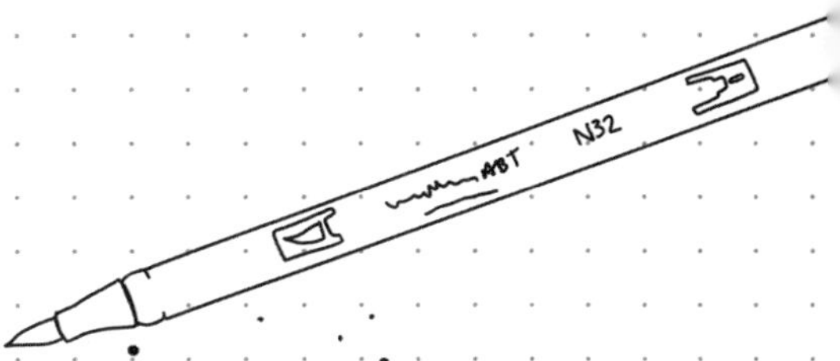

Tombow
MONO drawingpen
01
Water-based pigment ink marker
edding 1800
TONE
ROLL 06
Brush Sign Pen
553
STIFTE
test
hi // Tombow
hi // Edding pr
hi // Tombow
hi // Sakura Ge
hi // Pentel
hi // Pentel
hi // Pentel
hi // Pentel
hi // Tombow

Meine Favoriten sind die Pentel Brush Sign Pens, die gibt es in verschiedenen Pinselstärken, einmal in Fein, Mittel und in Breit. So kannst du für dich entscheiden, ob du eher filigran oder breit schreiben möchtest. Mittlerweile gibt es die Pentel Brush Pens auch in ganz vielen bunten Farben, was natürlich sehr praktisch ist, wenn du einmal etwas in Bunt lettern möchtest.

Für größere Letterings oder Illustrationen sind meine Lieblinge die Tombow Dual Brush Pens. Von diesen Stiften hast du sicher auch schon mal gehört, wenn du dich mit dem Thema Handlettering auseinandergesetzt hast. Es gibt sie in ganz vielen verschiedenen Farben, und sie eignen sich mit ihren beiden Spitzen (Pinselspitze und Filzstiftspitze) perfekt für Überschriften und Handlettering, aber auch für kleine Illustrationen. Sie sind außerdem auf Wasserbasis, was bedeutet, dass du sie auch für Aquarellmalerei oder tolle Watercolor-Effekte einsetzen kannst.

Letztendlich musst du für dich selbst herausfinden, mit welchen Stiften du am besten arbeiten kannst. Probiere sie doch einfach mal aus, wenn du das nächste mal im Schreibwarenladen deines Vertrauens bist. So kannst du testen, welcher Stift zu dir passt und kaufst nicht teuer Material ein, das du am Ende gar nicht verwendest.

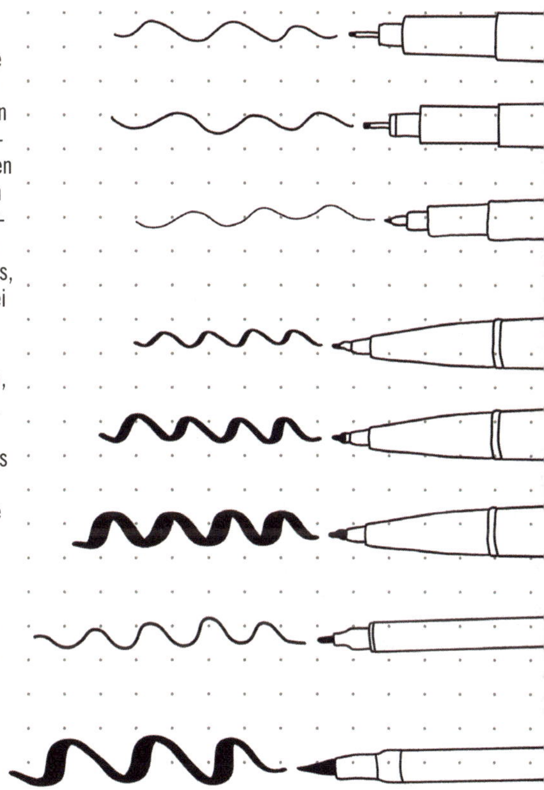

MONO graph
MONO zero
Tombow

Sonstiges Material

Neben Stiften gibt es noch andere Materialien, die für dein Bullet Journal praktisch sein können.

Buchstabensticker

Buchstabensticker gibt es in vielen verschiedenen Größen und Farben. Sie sind praktisch, da sie dir viel Zeit ersparen. Egal ob für Überschriften, Tages- oder Monatsübersichten, sie sind überall einsetzbar und sehen sogar noch superschön aus.

Washi Tape

Das aus Japan stammende Tape ist perfektes Dekomaterial für dein Bullet Journal. Du kannst es verwenden, um Elemente besonders hervorzuheben, für Überschriften oder um eine Seite schön zu dekorieren oder zu füllen.

Radiergummi

Neben einem einfachen Radiergummi kannst du dir überlegen, dir einen Radiergummistift zuzulegen. Mit seiner präzisen Spitze kannst du perfekt Kleinigkeiten wegradieren. Ich empfehle dir hierfür den Tombow MONO Zero. Diesen gibt es in verschiedenen Breiten. So kannst du dich entscheiden, was für dich das Beste ist.

Korrekturstift

Jedem unterläuft mal ein Fehler. Bevor du verzweifelst und die Seite neu beginnst, kannst du hierfür einfach einen Korrekturstift verwenden, um den Fehler auszubessern. Wenn du am Ende über den Korrekturstift drüberschreibst, sieht man ihn meistens auch gar nicht mehr.

Tipp

Falls dir mal eine ganze Seite in deinem BuJo nicht gefallen sollte oder dir viele Fehler unterlaufen sind, klebe zwei Seiten zusammen, anstatt sie herauszureißen. Ich habe zu Beginn die Seiten immer herausgerissen, aber im schlimmsten Fall geht so die Bindung deines Buches kaputt und dir fallen nach und nach immer mehr Seiten aus.

Stempel

Stempel stehen in ganz vielen verschiedenen Ausführungen zur Verfügung. Es gibt viele Motivstempel, mit denen du ganz einfach Titelblätter oder Ähnliches gestalten kannst. Buchstaben- oder auch Zahlenstempel helfen dir beim täglichen Gestalten deines BuJos. Sie können dir einiges an Zeit sparen und helfen dir, schöne Überschriften zu gestalten. Du kannst aber auch ganze Seiten mit ihnen verschönern oder sie mit Letteringelementen oder Illustrationen kombinieren.

Sonstige Sticker

Mit Motivstickern kannst du wunderbar deine Seiten dekorieren und füllen. Du kannst sie super in deine Monats- und Wochenübersichten einbauen und mit Illustrationen kombinieren. Es gibt auch ganze Stickerbücher, die auf Bullet Journals ausgelegt sind und die du das ganze Jahr über verwenden kannst.

Büroklammern

Büroklammern sind kein besonders wichtiges Material für dein Bullet Journal, aber sie helfen dir, Seiten zusammenzuhalten oder besondere Seiten zu markieren. Du kannst mit ihnen auch wichtige Notizen oder sonstige Zettel zu deinen Seiten in deinem BuJo hinzufügen.

Shop-Empfehlungen

- **Søstrene Grene**
- **Paper Poetry (z. B. bei Idee Creativ)**
- **www.hema.com**
- **www.odernichtoderdoch.de**

ENJOY THE LITTLE THINGS
DREAMS COME TRUE
LET'S MAKE IT COZY.

Handlettering

Handlettering Basics

Was ist Handlettering?

Handlettering siehst du mittlerweile überall: in einem Café in deiner Stadt, im Internet oder auf vielen Postkarten. Der Begriff bezeichnet vielmehr eine eigene Kunstform oder eine Zeichenkunst als nur normales Schreiben.

Jedes geschriebene Wort ist ein eigenes kleines Kunstwerk, welches durch dich einen ganz eigenen Charme bekommt. Vielleicht denkst du dir, dass es schwer ist, das zu erlernen, aber ich verspreche dir: Handlettering kann jeder!

Welche Arten von Handlettering gibt es?

Handlettering ist eine Unterkategorie des Letterings. Zum Lettering gehören auch die Kalligrafie, Faux Calligraphy und das Brushlettering.

Kalligrafie

Als Kalligrafie wird das klassische Schreiben mit Feder und Tusche bezeichnet. Feder und Tusche gehören zu den schwierigsten Werkzeugen im Lettering, weshalb es viel Übung bedarf. Durch den Einsatz verschiedener Federn kannst du unterschiedliche Strichbreiten und Schriftarten erzeugen.

Faux Calligraphy

Falls du nur den Stil der Kalligrafie nachahmen möchtest, kannst du dies ganz einfach mit einem Fineliner tun. Mit Faux Calligraphy kannst du den Eindruck vermitteln, als wäre dein Wort mit einem Brush Pen oder einer Feder gelettert worden. Diese Technik eignet sich perfekt für Anfänger, um sich etwas an das Lettering heranzutasten.

Dazu schreibst du dein Wort ganz einfach in einer Linie. Als Nächstes werden die Linien, die nach unten gezogen wurden, mit einer zusätzlichen Linie verbreitert. Wenn du möchtest, kannst du die jetzt entstandenen Leerräume noch ausfüllen. Aber ich finde, es kann auch toll aussehen, wenn du die Leerräume frei lässt.

Brushlettering

Die wohl gängigste Art des Handlettering ist das Brushlettering. Brushlettering entsteht, wie der Name schon sagt, mit einem Pinsel oder einem Pinselstift. Die Buchstaben können entweder in einer Schreibschrift miteinander verbunden werden oder lose nebeneinanderstehen, zum Beispiel bei einer Druckschrift.

Beim Brushlettering kommt es darauf an, dass du mit deinem Zeichenwerkzeug richtig umgehst. Aber keine Angst, Übung macht den Meister. Ähnlich wie bei der Kalligrafie kommt es beim Brushlettering auf die Auf- und Abwärtsstriche an. Je nachdem wie viel Druck du auf deinen Stift oder Pinsel ausübst, wird die Strichbreite dünner oder dicker.

Beim Brushlettering drückst du bei den Abwärtsstrichen fester aufs Papier als bei den Aufwärtsstrichen.

Welche Stifte eignen sich für Handlettering?

Welchen Stift du für dein Lettering verwenden möchtest, hängt ganz allein von dir und von der Schriftart ab, die zu zeichnen möchtest.

Du musst dich für ein ausdrucksvolles Lettering nicht mit neuen teuren Stiften ausstatten. Faux Calligraphy funktioniert super mit einem einfachen Fineliner. Sollest du dich an ein Brushlettering wagen wollen, empfehle ich dir hier die Pentel Brush Sign Pens und die Tombow Dual Brush Pens. Je härter und kürzer die Spitze deines Pinselstiftes ist, umso einfacher fällt es dir, anfangs damit zu arbeiten.

Kalligrafie

faux calligraphy

Brushlettering

ÜBERSCHRIFTEN
-IDEEN-
MONTAG
MONTAG
montag
MONTAG
montag
MON montag
MONTAG
MO
MONTAG
MONTAG
montag
montag
mon

Anwendung

Nachdem ich dir hoffentlich einen Einblick ins Handlettering geben und dir erklären konnte, wie das Ganze funktioniert, zeige ich dir im Folgenden direkt ein paar Beispiele.

Material

- **Tombow Dual Brush Pen 761**
- **Tombow Dual Brush Pen 553**
- **Tombow Dual Brush Pen 673**
- **Pentel Touch Brush Pen**

Überschriften

Ich finde es schön, in seinem Bullet Journal mit verschieden Überschriftarten zu spielen, um ein bisschen Abwechslung in seinen Kalender zu bringen.

Um deine Monats- und Wochenübersichten schön zu gestalten, gibt es verschiedene Schriftarten und Gestaltungsmöglichkeiten, wie du die Tage, Wochen oder Monate schön lettern kannst.

Ich habe dir links ein paar verschiedene Versionen aufgezeichnet, die ich selbst auch gerne verwende. Probiere am besten einfach alle einmal aus.

- Banner eignen sich besonders gut, um manche Dinge besonders hervorstechen zu lassen, wie zum Beispiel ein besonderes Event oder ein Geburtstag.
- Mit Schatten, aber auch mit einer Mischung aus Schreib- und Druckbuchstaben kannst du ganz einfach tolle Effekte erzeugen.
- Auch der Einsatz von Farbverläufen innerhalb eines Wortes macht das Lettering direkt zu etwas Besonderem.
- Solltest du für deine Wochenübersicht die Tage abkürzen (Mo, Di, Mi ...), so kannst du auch diese besonders und individuell gestalten.

Tipp

Versuche doch mal, eine schwarze Fläche zu zeichnen und mit Weiß darauf zu schreiben. Der umgedrehte Kontrast sieht auch sehr schick aus.

Letterings

Für dieses Lettering habe ich drei verschiedene Schriftstile angewandt. Anhand dessen siehst du auch, dass man unterschiedliche Stile super miteinander kombinieren kann und sie sich sogar ergänzen.

Letterings können in deinem Bullet Journal überall Platz finden. Auf einer Seite deiner Monatsübersicht, in einer Wochenübersicht oder als Titelblatt.

Du verbindest für dieses Lettering klassisches Brushlettering, Faux Calligraphy und eine Blockschrift mit Serifen.

Bevor du ein Lettering beginnst, wählst du einen Spruch aus. Das kann ein Zitat deines Lieblingsmusikers, ein Filmzitat oder auch ein motivierender Spruch sein.

Nun überlegst du dir, ob du den ganzen Spruch einheitlich in einer Schriftart malst oder ob du verschiedene Schriftarten miteinander kombinierst.

Außerdem kannst du manche Worte deines Zitates besonders hervorheben, entweder durch eine bestimmte Farbe oder dadurch, dass du sie größer schreibst als den Rest.

Zuerst zeichnest du dir deinen Spruch einmal mit Bleistift vor und fährst ihn dann mit einem Brush Pen oder Fineliner nach.

Tipp

Wenn es dir hilft, kannst du dir mit Bleistift auch zusätzliche Hilfslinien vorzeichnen, wenn es dir wichtig ist, gerade zu schreiben. Deine Hilfslinien und Vorzeichnungen kannst du zum Schluss wegradieren. Entweder du lässt dein Lettering nun einfach so oder du fügst wie ich ein paar schmückende Elemente hinzu. Seien es Punkte, Sterne, Illustrationen oder Washi Tape. Hier kannst du deiner Kreativität freien Lauf lassen.

"KUNST ist schön, macht aber viel ARBEIT"
- karl valentin

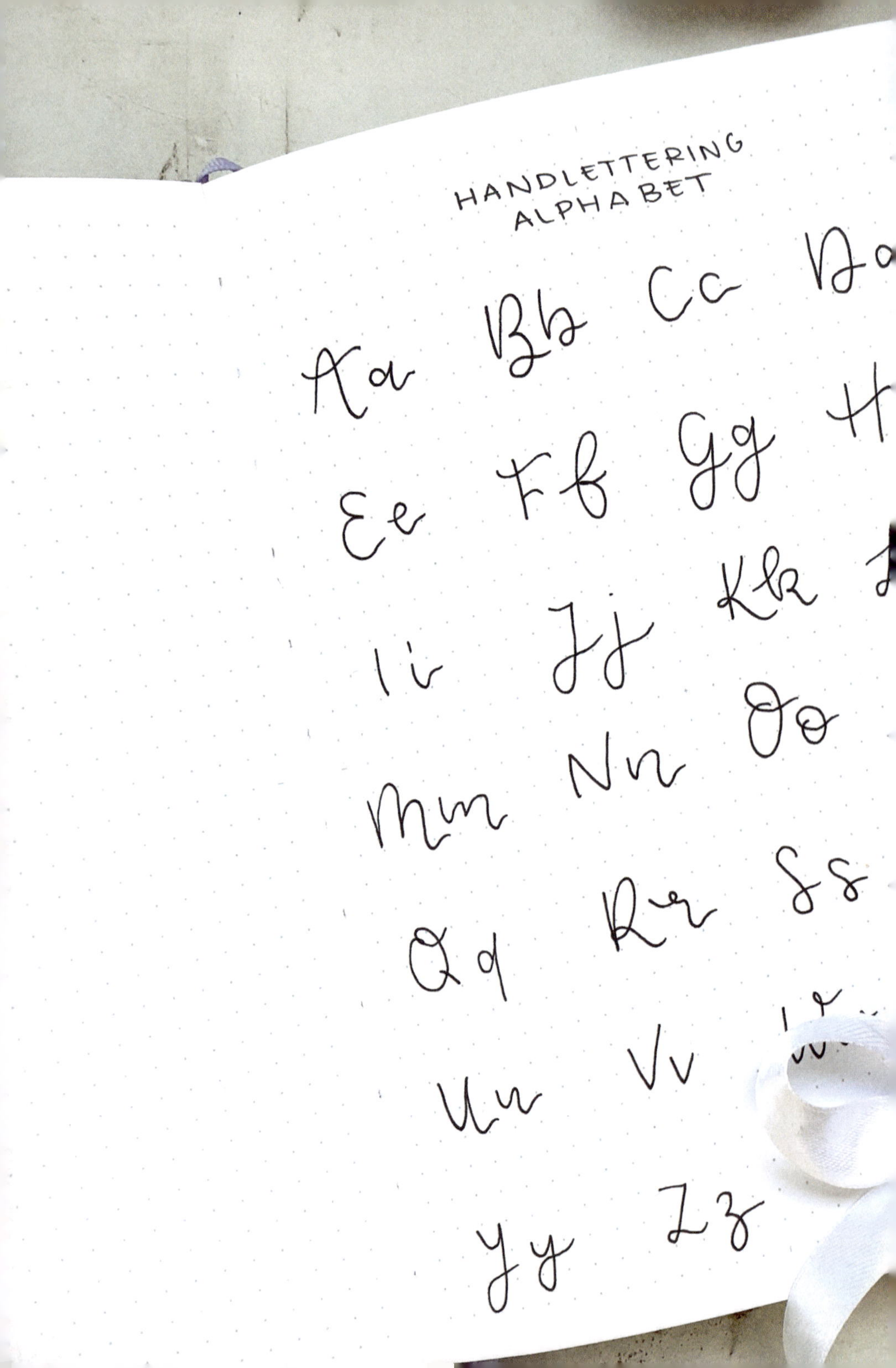
HANDLETTERING
ALPHABET
Aa
Bb
Cc
Ee
Ff
Gg
Ii
Jj
Kk
Mm
Nn
Oo
Qq
Rr
Ss
Uu
Vv
Yy
Zz

„es ist verrückt
dass du mic
magst,
viele
und
das
like i
binge
watching"
edding

Handlettering Alphabete

Brushlettering

Das Brushlettering ist das wohl bekannteste unter den Letterings. Es erfordert etwas Übung, aber keine Sorge, auch du bekommst das hin!

MATERIAL

- **Pentel Touch Brush Pen**

Für das Brushlettering benötigst du einen Pinselstift. Ich verwende hierfür am liebsten die von Pentel.

Um den gewünschten Effekt zu erzielen, musst du den Druck bei den hinauf- und hinunterführenden Strichen variieren.

Die Striche, die nach oben gehen, werden mit möglichst wenig Druck ausgeführt, so dass eine schmale Linie entsteht. Für die Striche, die nach unten gehen, drückst du mit deinem Stift fester aufs Papier, so dass eine dickere Linie entsteht.

Hier siehst du das Prinzip an dem Beispiel des Buchstaben „A". Für die Linie, die nach oben führt, habe ich wenig Druck ausgeübt und für den Strich, der nach unten führt, habe ich fester auf das Papier gedrückt.

TIPP

Wenn du dabei noch Schwierigkeiten hast, empfehle ich dir, eine wellige Linie zu malen und so zu üben, den Druck zu variieren.

Franz jagt im
komplett verwahrlosten Taxi
quer durch Bayern.

In diesem Beispielsatz, in dem alle Buchstaben des Alphabets vorkommen, siehst du gut, wie man die Buchstaben am besten miteinander verbindet.

HANDLETTERING
ALPHABET
Aa Bb Cc Dd
Ee Ff Gg Hh
Ii Jj Kk Ll
Mm Nn Oo Pp
Qq Rr Ss Tt
Uu Vv Ww Xx
Yy Zz
touch サインペン
Tombow
MONO drawingpen
Water-based pigment ink marker
01

Faux Calligraphy Druckschrift

Dieses schlichte, aber effektvolle Alphabet geht schnell und einfach. Es eignet sich also perfekt für Anfänger.

Material

- **Pentel Touch Brush Pen**

Für diese Schriftart zeichnest du erst einmal in einer einzelnen Line, einer Monolinie, deine Buchstaben in Druckschrift. Wenn du möchtest, kannst du mit deinem Brush Pen bei den Linien, die du nach unten ziehst, etwas fester aufdrücken, das ist aber kein Muss.

Nun kannst du einen Strich, sei es der Strich, den du nach oben gezogen hast, oder der nach unten verläuft, mit einem zusätzlichen Strich verbreitern.

Wie es bei Faux Calligraphy üblich ist, kannst du den jetzt entstandenen Hohlraum mit Schwarz ausmalen, oder du lässt es so wie ich einfach frei.

Tipp

Am besten fügst du die horizontalen Linien, wie man sie bei den Buchstaben A, B, E, F, H usw. hat, erst hinzu, nachdem du die vertikalen Linien verbreitert hast.

Das Ganze zeige ich dir hier noch einmal an dem Buchstaben „A". Du beginnst damit, das „Dach" des „A" zu zeichnen.
Ich habe mich beim „A" dazu entschieden, den linken Strich, der nach oben gezogen wird, zu verbreitern. Das kannst du aber, wie bei jedem anderen Buchstaben auch, selbst entscheiden. Nun kannst du deinen Querbalken hinzufügen. Das Ganze funktioniert sowohl bei Groß- als auch bei Kleinbuchstaben.

Die Schriftart lässt sich übrigens super mit einer filigranen Schreibschrift kombinieren!

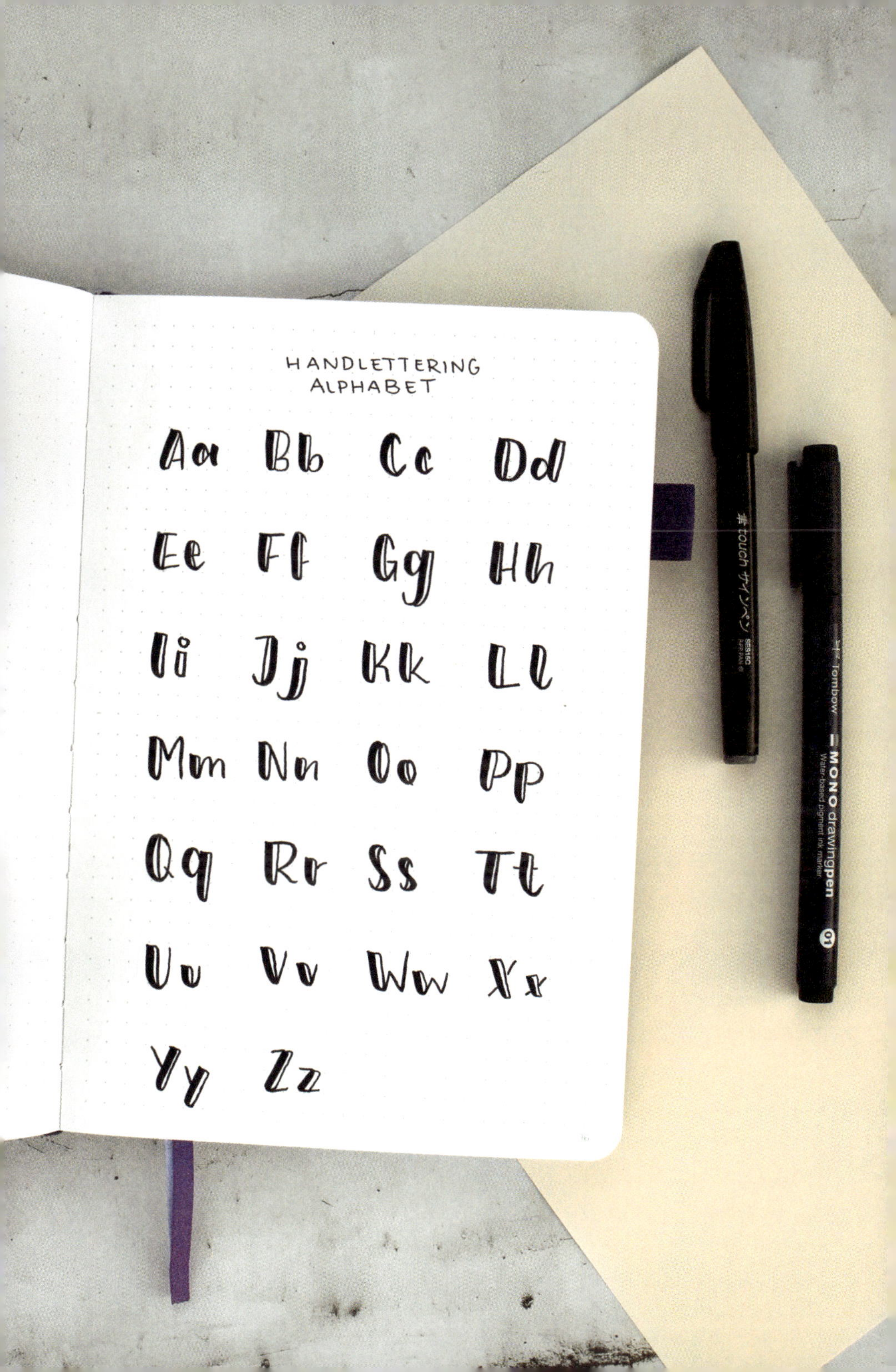
HANDLETTERING
ALPHABET
Aa Bb Cc Dd
Ee Ff Gg Hh
Ii Jj Kk Ll
Mm Nn Oo Pp
Qq Rr Ss Tt
Uu Vv Ww Xx
Yy Zz
touch サインペン
Tombow
MONO drawingpen
Water-based pigment ink marker
01

BRUSHLETTERING MIT SERIFEN

Durch die Serifen wird eine simple Schriftart zum Hingucker. Mit wenigen Mitteln erzielst du einen super Effekt.

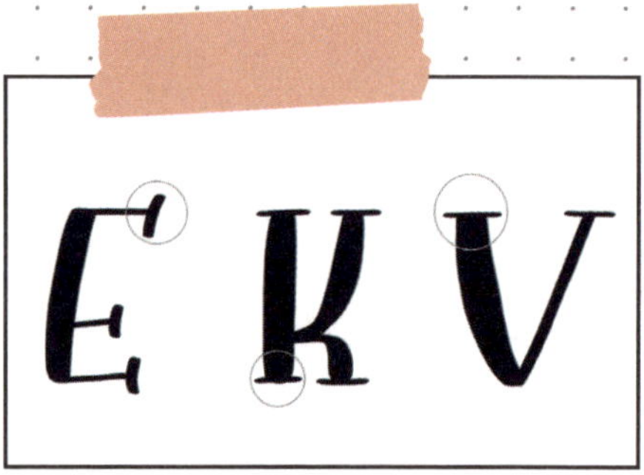

MATERIAL

- **Pentel Touch Brush Pen**

SERIFEN

Als Serifen bezeichnet man die kleinen Striche an den Enden eines Buchstabens. Serifen wurden erfunden, um die Lesbarkeit in Texten zu steigern. Ich finde, dass sie auch einfach toll aussehen. Es gibt ganz viele verschiedene Arten von Serifen. Ich habe mich hier für kleine moderne Striche entschieden. Diese kleinen Striche fügst du an die Enden eines Buchstabens hinzu. Buchstaben wie das große „O" haben keine Serifen, da sie weder Anfang noch Ende besitzen.

Für diese Schriftart benötigst du einen Brush Pen. Ähnlich wie bei dem klassischen Brushlettering variierst du hier mit dem Druck, den du auf die Pinselspitze ausübst. Auch wenn es sich um eine Druckschrift handelt, kannst du bei den Linien, die du von oben nach unten ziehst, etwas fester aufdrücken. Die Linien, die du horizontal oder von unten nach oben ziehst, führst du mit wenig Druck auf die Pinselspitze aus.

Optional kannst du hier auch Faux Calligraphy anwenden.

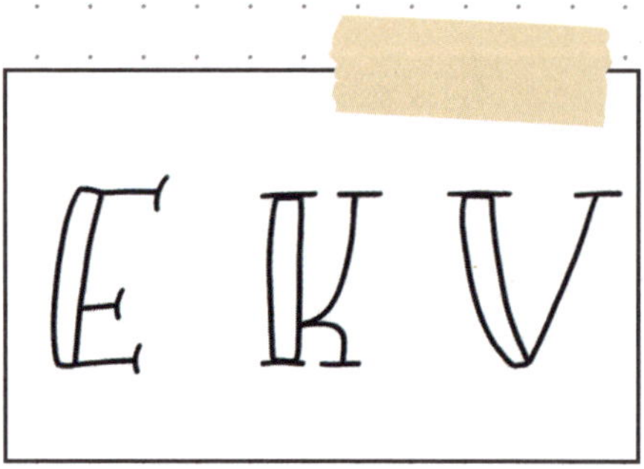

TIPP

Falls du dich für eine Serifenschrift im Faux-Calligraphy-Stil entscheidest, kannst du dafür einen Fineliner anstelle eines Brush Pens zur Hand nehmen.

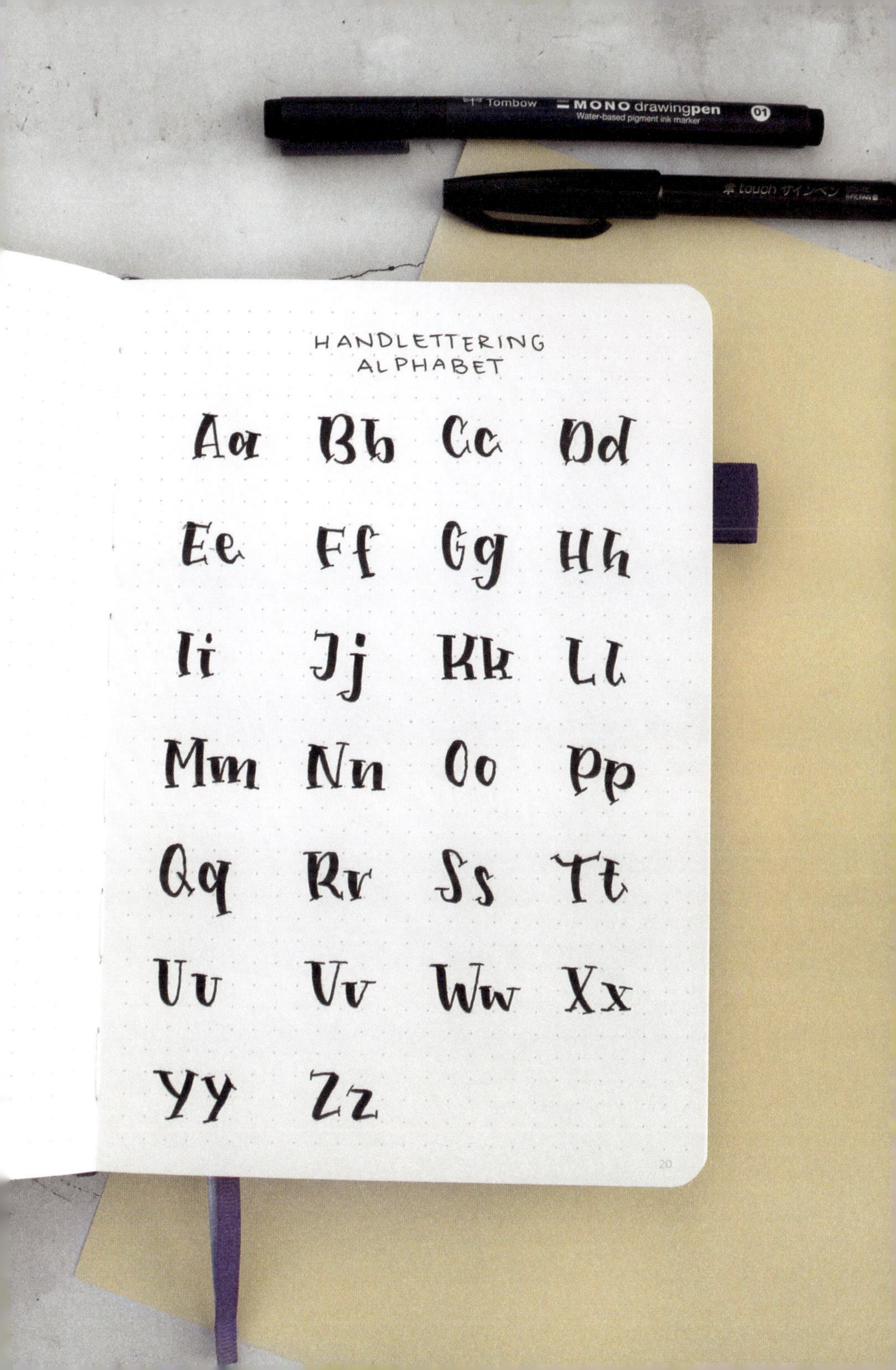
Tombow
MONO drawingpen
Water-based pigment ink marker
01
touch サインペン
HANDLETTERING
ALPHABET
Aa Bb Cc Dd
Ee Ff Gg Hh
Ii Jj Kk Ll
Mm Nn Oo Pp
Qq Rr Ss Tt
Uu Vv Ww Xx
Yy Zz
20

Filigrane Schreibschrift

Diese Schriftart ist simpel und zugleich wunderschön. Man kann sie zum Beispiel für filigrane Letterings oder Überschriften verwenden.

MATERIAL

- **Tombow MONO 01**

Diese Schrift erinnert bei einigen Buchstaben an die Schreibschrift, wie man sie aus der zweiten Klasse kennt. Aber sie ist sehr viel feiner und kunstvoller. Je dünner die Spitze deines Fineliners ist, umso filigraner wirkt deine Schrift am Ende.

Diese Schriftart kann jeder. Achte einfach darauf, dass du sie locker aus deinem Handgelenk heraus zeichnest und auf eckige Formen verzichtest. Bei dieser Schriftart versuchst du, so selten wie nur möglich deinen Stift abzusetzen. Denn diese Schrift entsteht aus einem Schwung.

Bei Buchstaben wie dem „V“ oder dem „X“ kannst du selbst entscheiden, ob du hier eher runde oder eckige Formen verwenden möchtest.

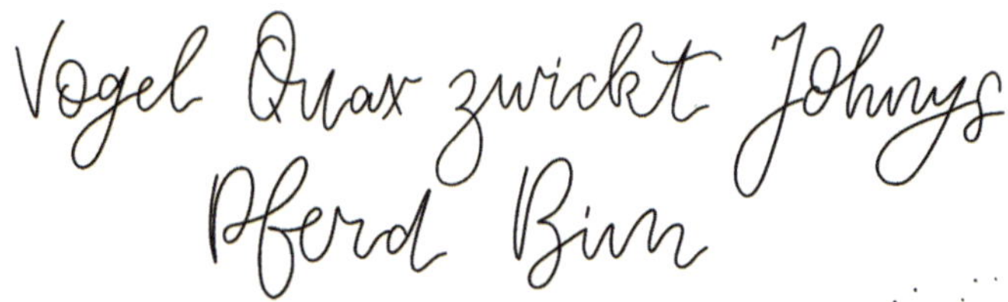

In diesem Beispielsatz kommt jeder Buchstabe des Alphabets einmal vor. Hier siehst du auch, wie man die Buchstaben am besten miteinander verbindet.

Du kannst diese Schrift auch noch dehnen, indem du entsprechend die Verbindungslinien zwischen den Buchstaben länger ziehst. Das sieht zum Beispiel kombiniert mit einer einfachen Druckschrift sehr schön aus.

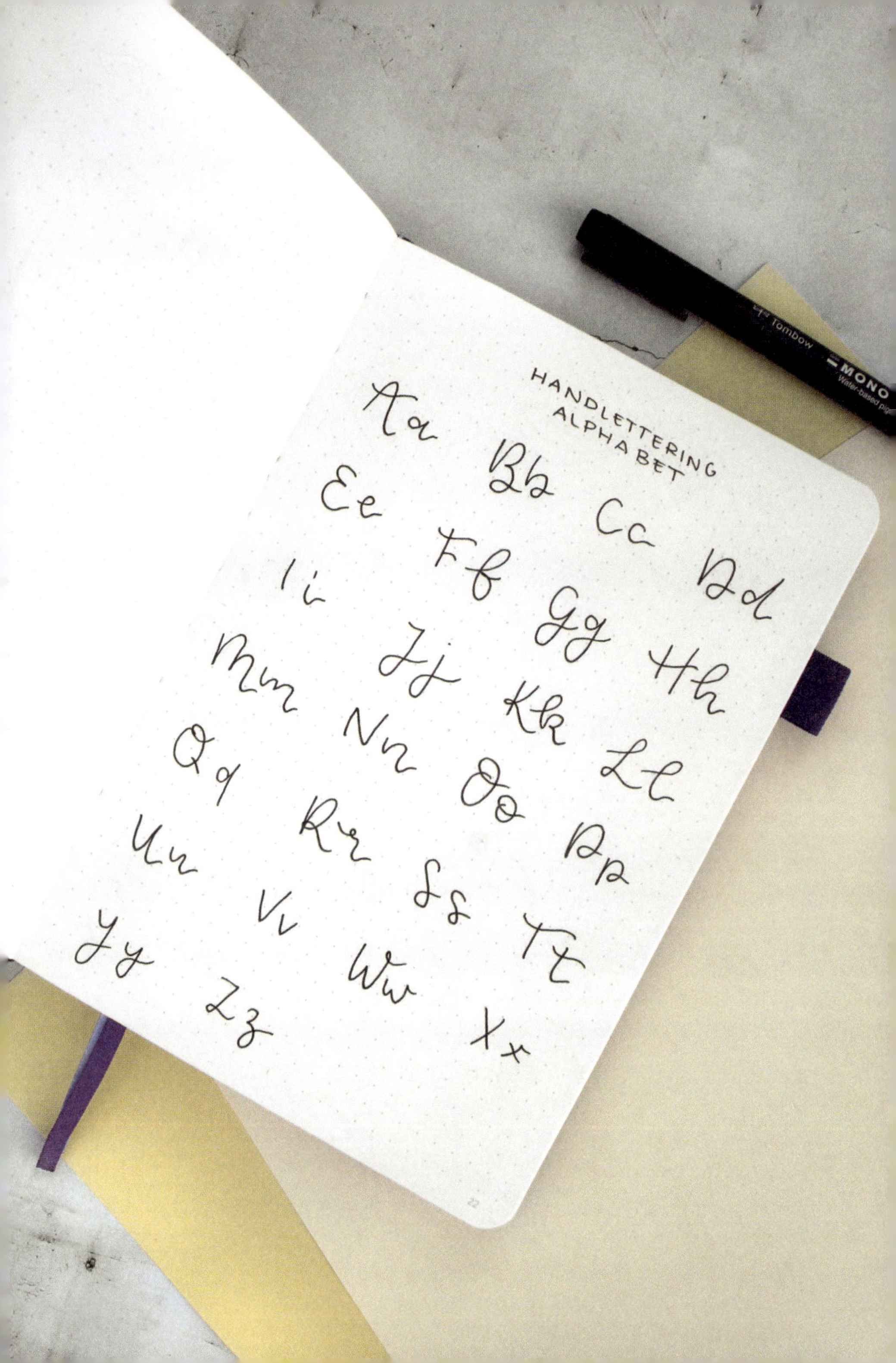
HANDLETTERING
ALPHABET
Aa
Bb
Cc
Dd
Ee
Ff
Gg
Hh
Ii
Jj
Kk
Ll
Mm
Nn
Oo
Pp
Qq
Rr
Ss
Tt
Uu
Vv
Ww
Xx
Yy
Zz
Tombow
MONO

Übersichtsseiten

Index
SEITE 14 Alphabete
SEITE 20 Januar
Seite 24 Februar
Seite 36 März
Seite 42 April
Seite 54 future log
Seite 56 Mai
Tombow
MONO drawingpen
Water-based pigment ink marker
01

Aufbau deines Bullet Journals

Der Index

Was ist der Index?

Der Index ist einer der wichtigsten Bestandteile eines Bullet Journals. Er hilft dir, den Überblick zu behalten über das, was dein Bullet Journal enthält.

Besonders wenn dein Bullet Journal voller wird, ist der Index hilfreich, um direkt zu der Seite zu gelangen, die du aufschlagen möchtest.

Er funktioniert wie ein Inhaltsverzeichnis: Hier trägst du deine Seitenzahlen und den dazugehörigen Seiteninhalt ein.

Genauso wie das Inhaltsverzeichnis in einem Buch legst du den Index auf einer der ersten Seiten deines Bullet Journals an. Wie viele Seiten dafür benötigt werden, ist von Person zu Person unterschiedlich, aber am besten lässt du dir mindestens eine Doppelseite frei.

In manchen Notizbüchern ist am Anfang schon ein Inhaltsverzeichnis abgedruckt, in welches du einfach deinen Index eintragen kannst.

Falls das nicht der Fall ist, kannst du dir ganz leicht einen eigenen Index anlegen. Hierfür zeichnest du eine zweispaltige Tabelle. In die linke Spalte kannst du deine Seitenzahlen eintragen, und in der rechten Spalte kannst du die zugehörigen Inhalte notieren.

Was kommt alles in den Index?

Am besten trägst du in den Index die einzelnen Monate ein. Wann immer also ein neuer Monat startet, blätterst du zu deinem Index zurück und notierst dort die aktuelle Seitenzahl, ganz chronologisch untereinander. Solltest du zwischendrin besondere Tracker oder Sonderseiten haben, wie eine Urlaubsplanung oder Ähnliches, kann das auch hier eingetragen werden.

Meiner Meinung nach kann ein Index sehr hilfreich sein, besonders dann, wenn man schon sein zweites oder drittes BuJo beginnt und langsam den Überblick verliert, in welchem Notizbuch welcher Monat zu finden ist.

Der Key

Was ist der Key?

Wie der englische Name schon sagt, ist der Key dein Schlüssel zu einer einheitlichen Terminplanung. Vergleichbar ist er mit einer Legende, die dir sagt, was welches Zeichen in deinem Bullet Journal bedeutet.

Er soll für Ordentlichkeit sorgen und bei der Orientierung helfen. Der Key ist damit eines der wichtigsten Grundelemente eines BuJos. Am besten legst du dir diese Seite ähnlich wie den Index am Anfang deines Bullet Journals an, um dorthin schnell zurückblättern zu können.

Wie funktioniert der Key?

Zu Beginn überlegst du dir verschiedene Zeichen. Diese Zeichen kennzeichnen verschiedene Arten von Aufgaben oder Notizen. Du kannst dir hierfür eigene Symbole überlegen, oder du nimmst bereits bestehende, die es im Internet zu finden gibt.

Für folgende Terminarten bieten sich Symbole an:

- offene Aufgabe
- erledigte Aufgabe
- Prüfung/Meeting
- Geburtstage
- sonstige Notizen

Das Ganze kannst du individuell auf deine eigenen Bedürfnisse anpassen.

Ich persönlich muss mir mittlerweile für meine Bullet Journals keinen Key mehr anlegen, weil ich genau weiß, welche Symbole ich verwende und was sie bedeuten. Besonders wenn du AnfängerIn bist, ist es aber sehr hilfreich, sich am Anfang einen solchen Key anzulegen, um für mehr Einheitlichkeit im Bullet Journal zu sorgen.

touch サインペン SES15C
key
Aufgabe / Termin
Aufgabe erledigt
Klausur / Abgabe
Geburtstag
Notiz

Die Jahresübersicht / Der Future Log

Die Jahresübersicht, auf Englisch der Future Log, ist dazu da, all deine wichtigen Ereignisse, die im nächsten Jahr oder in den nächsten Monaten anstehen, auf einen Blick sehen zu können.

In so einem Future Log kannst du zum Beispiel

- Geburtstage
- Ferien
- Feiertage
- wichtige Termine

oder Ähnliches vermerken. Du kannst deine Jahresübersicht im Januar starten und zwölf Monate führen, oder du startest sie mitten im Jahr und führst sie beispielsweise nur acht Monate lang. Es geht aber immer darum, Termine und Events langfristig zu planen.

Da ein Future Log meistens nur einmal in deinem Bullet Journal vorkommt, ist es sinnvoll, diesen am Anfang zu platzieren, da du dort dann schnell mal hinblättern kannst.

Wenn du dann eine neue Monatsübersicht gestaltest, kannst du zu deinem Future Log blättern und die Termine und Geburtstage in den Monat übertragen. Ich persönlich finde das äußerst praktisch.

Du musst nun für dich selbst entscheiden, welche Art von Future Log für dich am besten ist. Unter vielen Variationen habe ich mich entschieden, dir zwei davon vorzustellen.

Ohne Kalender

Der klassische Future Log nach Ryder Carroll beinhaltet die Übersicht über die nächsten sechs Monate. Diese sechs Monate verteilst du jeweils über zwei Seiten, sodass du auf jeder Seite drei Monate hast.

Um die Monate voneinander zu trennen, ziehst du nun Linien. Jetzt letterst oder schreibst du noch die Monate auf. Schon ist diese Jahresübersicht bereit, mit Events befüllt zu werden.

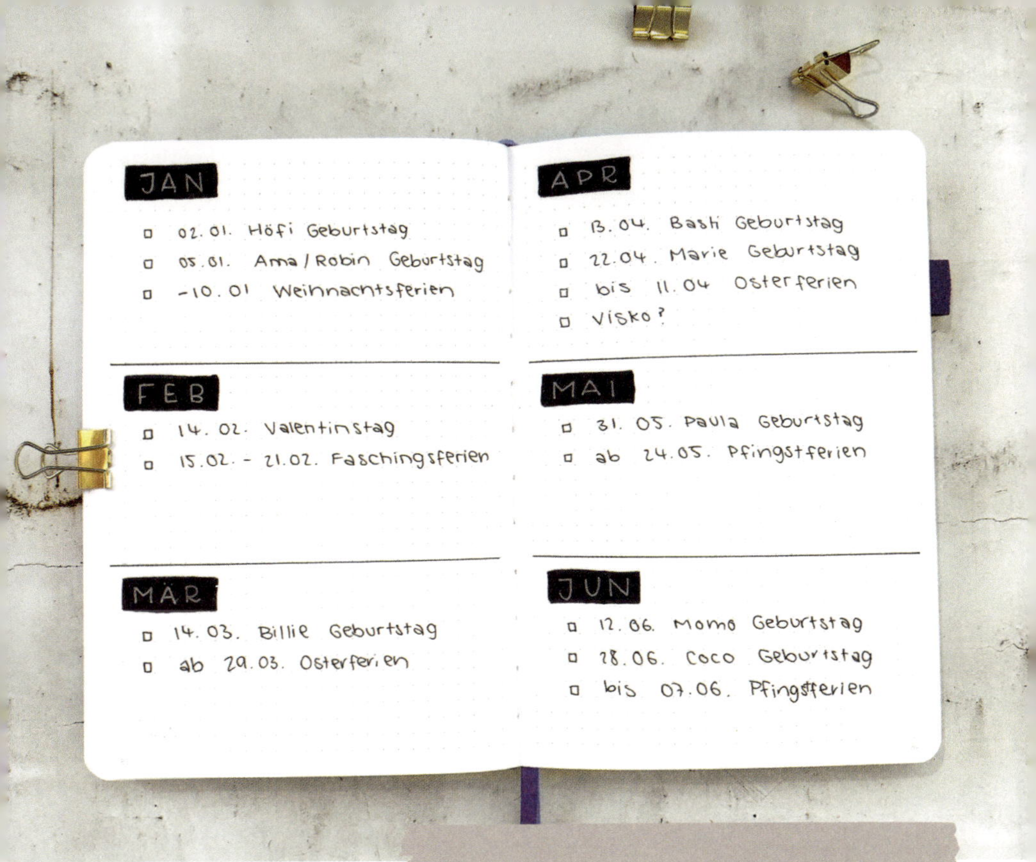

Mit Kalender

Vielleicht möchtest du aber direkt einen Überblick über die Daten und Wochentage haben?

Dann wählst du die Variante mit Kalender, wie sie auf der nächsten Doppelseite siehst.

Dabei kannst du ganz einfach Mini-Monatsübersichten in die klassische Jahresübersicht nach Ryder Carroll einbauen.

Auch kannst du dir hier noch Farbcodes oder Symbole für verschiedene Termine überlegen.

Auf den nächsten Seiten siehst du, für welche Art von Future Log ich mich entschieden habe. Vielleicht lässt du dich davon inspirieren.

Tombow MONO drawingpen 01
Water-based pigment ink marker
edding 1800
profipen 0.5
JAN
FEB
Höfi
Anna / Robin
Weihnachts-
ferien
Maresa
Faschings-
ferien
Deutsch
MÄR
APR
Billie
Oster-
ferien
Zeichnen
Basti
Marie
Jean-Mi
Oster-
ferien
mt

MAI
Paula
Pfingst-ferien
Fako
JUN
Momo
Coco
Pfingst-ferien
Kube
JUL
Meiner
englisch
AUG
Basti
Papa
Sonja
Sommer-ferien

Jahresübersicht

Ich zeige dir nun, wie ich meine Jahresübersicht von der letzten Doppelseite aufgeteilt habe.

Material

- **Tombow Dual Brush Pen N89**
- **Tombow Dual Brush Pen 491**
- **Tombow Dual Brush Pen 553**
- **Tombow Dual Brush Pen 451**
- **Pentel Touch Brush Pen**
- **Tombow MONO drawingpen**

Da in mein Bullet Journal meistens nicht mehr als acht Monate reinpassen, bevor es voll ist, und weil vier Monate auf einer Seite perfekt für mich gepasst haben, habe ich mich dafür entschieden, in meinem Future Log die nächsten acht Monate zu planen.

Ich habe mir genau ein Viertel einer Seite Platz für einen Monat genommen. Für die Überschriften habe ich etwas Washi Tape aufgeklebt und darüber Buchstabensticker platziert. Falls du keine Sticker haben solltest, funktioniert das auch ganz einfach mit einem Fineliner. Ich finde, es sieht toll aus, wenn die Buchstaben etwas windschief aufgeklebt werden.

Für einen besonderen Effekt kannst du das Washi Tape noch mit einem schwarzen Schatten hinterlegen. Hierfür fährst du einfach die rechte und die untere Seite des Washi Tapes mit Schwarz nach.

Unter den Überschriften habe ich dann eine kleine Monatsübersicht aufgezeichnet. Dazu kannst du einfach die Tage des jeweiligen Monats durchnummerieren.

Hast du das gemacht, kannst du beginnen, wichtige Termine und Geburtstage einzutragen. Ich habe mir dafür einen Farbcode überlegt.

- hellblau = Ferien
- dunkelblau = Klausuren/Referate
- rosa = Geburtstage

Die Farben kannst du dir ganz nach Belieben aussuchen. Ich habe sie passend zum Washi Tape ausgesucht.

Wenn du möchtest, kannst du in die kleinen bunten Kreise noch das dazu passende Datum aus der Monatsübersicht übernehmen. Mir haben aber die Farben an sich gereicht.

Optional kannst du dir noch eine extra Seite für deine Ferien und Feiertage anlegen, um diese vielleicht dann auch schon mit Urlaubsplanungen zu versehen.

Gliederung Hauptteil

Layouts

Wie gliedere ich mein Bullet Journal?

Vielleicht hast du dich schon einmal gefragt, wie du dein Bullet Journal am besten gliederst, damit eine gewisse Ordnung entsteht. Ich möchte dir nun erklären, wie du dir ein eigenes System erarbeitest, und dir mein eigenes System vorstellen.

Ordnungsmöglichkeiten für dein Bullet Journal

Für dein eigenes Bullet Journal kannst du dir ein individuelles Konzept überlegen.

Beginnst du jeden Monat mit einer Monatsübersicht? Hast du ein Titelblatt, das ein bestimmtes Thema für den Monat festlegt? Hast du vielleicht ein Farbschema je nach Jahreszeit oder Monat?

Um in deinem Bullet Journal für Ordnung zu sorgen, kannst du von Monats-, Wochen- und Tagesübersichten Gebrauch machen.

Die Monatsübersicht

Mit einer Monatsübersicht oder auch mit einem Monthly Log schaffst du dir einen Überblick über einen ganzen Monat. Jede Monatsübersicht kann ein Neuanfang für ein neues Thema und für neue Termine sein. Auf diese Termine kannst du dann in deiner Wochen- oder Tagesübersicht genauer eingehen.

Die Wochenübersicht

In der Wochenübersicht hat demnach alles Platz, worauf du genauer eingehen möchtest als in der Monatsübersicht.

Bevor du eine Wochenübersicht startest, überlegst du dir, wie viel Platz du benötigst. Brauchst du zwei Seiten oder reicht dir eine? Machst du Kästchen oder schreibst du deine Termine Tag für Tag frei auf die Seiten?

Die Tagesübersicht

Am detailliertesten von allen Kategorien ist die Tagesübersicht. Sie bildet nur ein oder zwei Tage ab, sodass du hier genaue Uhrzeiten und Termine eintragen kannst. Für manche Tage, an denen viel auf dem Plan steht, kann das von großer Hilfe sein.

Nun kannst du dir eine eigene Gliederung überlegen.

Meine Gliederung sieht Monat für Monat so aus:

- Titelblatt
- Monatsübersicht
- Übersicht Woche 1
- Übersicht Woche 2
- Freizeitseite wie Buchliste
- Übersicht Woche 3
- Übersicht Woche 4

So zieht sich durch mein Bullet Journal ein roter Faden.

Zum Beginn eines jeden Monats überlege ich mir ein passendes Thema und ein Farbschema. Dieses ziehe ich dann durch den ganzen Monat durch. Auf den folgenden Seiten siehst du verschiedene Titelblätter und Monatsübersichten, aber auch unterschiedliche Arten, wie du deine Wochen und Tage darstellen kannst.

januar
Tombow
Water-Based
Tombow ABT
Water-Based
Tombow ABT
Water-Based
touch
MONO drawingPen
Water-based pigment ink marker
Tombow
01

Titelblatt

Bevor du jeden Monat beginnst, kannst du dir überlegen, ein Titelblatt zu gestalten, das den Monat einleitet. Ich suche mir für jeden Monat ein bestimmtes Thema und Farben aus.

Januar

Für den Monat Januar habe ich mir das Thema „Winter und Schneeflocken" herausgesucht. Diese Elemente werde ich in den Monats- und Wochenübersichten immer wieder einbringen. Bei den Farben habe ich mich für kühle Blautöne entschieden.

Du beginnst damit, eine Schneekugel zu zeichnen. Am besten machst du das erst einmal mit Bleistift, falls du noch etwas anderes in die Schneekugel zeichnen möchtest.

(Die passenden Illustrationen dazu zeige ich dir auf Seite 135.)

In diese Schneekugel malst du nun Schneeflocken in verschiedenen Blautönen.

Nun kannst du den Monat in einer Schriftart deiner Wahl in die Schneekugel lettern.

Fahre dann die Schneekugel mit Fineliner nach und versieh sie mit einem grauen Schatten.

Die restliche Seite kannst du mit verschieden großen Punkten in den Blautönen füllen.

Material

- **Tombow Dual Brush Pen N89**
- **Tombow Dual Brush Pen 491**
- **Tombow Dual Brush Pen 553**
- **Tombow Dual Brush Pen 451**
- **Pentel Touch Brush Pen**
- **Tombow MONO drawingpen**

Monatsübersicht

Januar

Für diese Monatsübersicht habe ich kleine quadratische Kästchen in Blautönen gezeichnet. Die Kästchen sind alle gleich groß und verteilen sich regelmäßig auf der Seite. Die Anzahl der Kästchen kannst du so variieren, wie dein Monat Tage hat.

Ich habe auf der rechten Seite den Großteil der Kästchen platziert, um die Seite spannender zu gestalten und damit ich links noch ein bisschen Platz für Illustrationen und Letterings habe.

Über die verschiedenen Kästchen kannst du nun die Wochentage schreiben. Wenn du möchtest, kannst du diese danach mit einem farbigen Tombow „markieren", so werden sie noch besser hervorgehoben.

Die Daten werden ganz einfach rechts unten in die Kästchen geschrieben, dann kannst du schon deine wichtigsten Termine eintragen.

Material

- **Tombow Dual Brush Pen 491**
- **Tombow Dual Brush Pen 553**
- **Tombow Dual Brush Pen 451**
- **Pentel Touch Brush Pen**
- **Tombow MONO drawingpen**

Um es noch schöner zu gestalten, kannst du jetzt noch den Monat lettern. So weißt du am Ende auch, wenn du dein ganzes BuJo durchblätterst, um welchen Monat es sich handelt.

Um den Weißraum zu füllen und das Ganze etwas zu verzieren, kannst du ein paar Schneeflocken einfügen. Kleine und große Punkte in Blautönen können hierzu auch schön aussehen.

Wochenübersicht

Januar

Ich habe für diese Woche eine kleine Monatsübersicht gezeichnet, damit ich direkt sehe, in welcher Woche ich mich gerade befinde und welches Datum ich habe. Für die einzelnen Tage habe ich Kästchen gemalt. Je mehr Aufgaben ich an dem Tag zu tun habe, desto größer male ich das Kästchen. Das Ganze habe ich mit einem hellblauen Schatten hinterlegt. Farblich ist die Wochenübersicht in meinem Januar-Farbschema gehalten, um alles einheitlich zu gestalten.

Weekly Tracker

Mit einem Weekly Tracker (links unten in dieser Wochenübersicht) kannst du dokumentieren, was in dieser Woche dein Lieblingsfilm, deine Lieblingsserie oder dein Lieblingslied ist. Das ist sehr praktisch, wenn du dir irgendwann eine Playlist-Seite oder einen Serien-Tracker in deinem Bullet Journal gestalten möchtest.

Die Wochenübersicht ist dazu da, alles auf einen Blick zu sehen. Du kannst schauen, was in dieser Woche ansteht, To-dos abhaken oder Klausuren und Schulaufgaben notieren. Sie ist detaillierter als eine Monatsübersicht, aber kompakter als eine Tagesübersicht.

Material

- **Tombow Dual Brush Pen 491**
- **Tombow Dual Brush Pen 553**
- **Tombow Dual Brush Pen 451**
- **Pentel Touch Brush Pen**
- **Tombow MONO drawingpen**

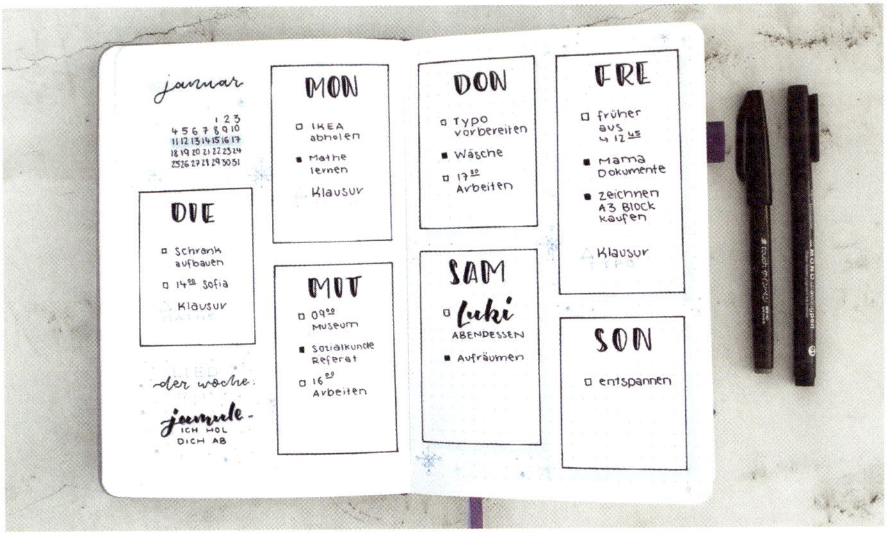

edding 1800
Tombow ABT 761
Water-Based
FEBRUAR

Titelblatt

Februar

Da am 14. Februar Valentinstag ist, habe ich mir für diesen Monat überlegt, ein romantisches, verspieltes Thema zu nehmen. Dazu eignen sich Pastellfarben, helle Töne und vor allem natürlich Rosa, Pink und Rot. Ein echter Hingucker ist das Lettering in der Mitte. Reiße dir hierzu einfach ein Washi Tape in einer Farbe deiner Wahl auf circa die Länge, die du brauchst. Jetzt kannst du darüber mit einem Stift den Monatsnamen schreiben. Sehr schön sieht es aus, wenn du die Buchstaben etwas versetzt zum Washi Tape malst. Für einen besonderen Effekt kannst du jetzt noch die Schrift mit einem Schatten hinterlegen. Bei der Illustration habe ich mir für den Februar kleine Herzchen und andere Schmuckelemente wie Sternchen und Punkte ausgesucht.

Die Herzchen sowie die anderen Elemente kannst du ganz nach deinem Geschmack auf der Seite verteilen. Hier kannst du dich mit deinen Farben und dem schwarzen Fineliner je nach Belieben austoben. Besonders schön sieht es aus, wenn du manche Elemente übereinanderzeichnest, zum Beispiel ein kleines schwarzes Herz über ein farbiges.

Wie du siehst, kann man auch mit wenigen Mitteln und wenig Aufwand ein schönes Deckblatt gestalten.

Material

- **Tombow Dual Brush Pen 761**
- **Edding Profipen 0.5**
- **Washi Tape pastellrosa**

Tipp

Um weißen Raum auf einer Seite zu füllen, eignen sich hier zum Beispiel kleine Sterne und Punkte perfekt als Platzfüller.

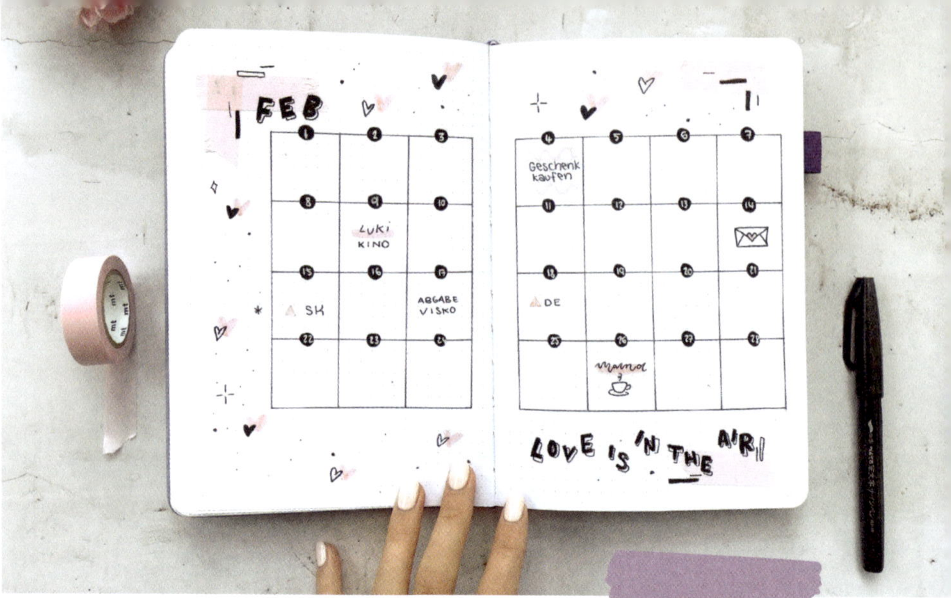

Monatsübersicht

Februar

Für diese Art von Monatsübersicht zeichnest du einen großen Kasten, der sich über zwei Seiten verteilt. Er sollte nicht über zwei Drittel der Seite einnehmen, damit du noch genügend Platz für Überschriften, Illustrationen oder sonstiges hast.

Diesen Kasten teilst du nun in so viele kleine Kästchen ein, wie der Monat Tage hat. In meinem Fall waren es nur 28 dieser kleinen Kästchen. Du kannst dir ausrechnen, wie groß ein kleines Kästchen sein muss, wenn du den großen Kasten der Breite nach durch sieben teilst und dir das mit einem Lineal markierst. Sollte es von den Zeilen nicht aufgehen, ist das nicht schlimm. Einzelne Tage kannst du einfach unten an den großen Kasten dazuzeichnen.

Für die Daten habe ich kleine schwarze Kreise gezeichnet, in die ich nach dem Trocknen der Farbe mit Weiß die Zahlen eingetragen habe.

Material

- **Tombow Dual Brush Pen 761**
- **Edding Profipen 0.5**
- **Washi Tape pastellrosa**
- **Sakura Gelly Roll 10**

Mit Washi Tape kannst du nun die leeren weißen Stellen füllen. Platziere es an den Rändern der Seite, um sie optisch schön abzuschließen.

Schmuckelemente wie kleine Herzen kannst du jetzt wieder frei nach Belieben rund um den Kasten platzieren. Auch Illustrationen wie ein Liebesbrief oder romantische Letterings passen gut zu diesem Thema.

Nun kannst du beginnen, deine Termine, Abgaben oder Geburtstage einzutragen.

Wochenübersicht

Februar

Diese Wochenübersicht ist recht simpel. Ich habe mir auf die linke Seite wieder eine kleine Monatsübersicht aufgemalt, um sehen zu können, in welcher Woche ich mich befinde.

Für die einzelnen Tage habe ich einfach das Datum gelettert. Das kannst du wieder mit einem Schatten hinterlegen, um alles im selben Stil zu halten. Um die Tage voneinander zu separieren, habe ich nun einfach einen Querbalken mit dem rosafarbenen Tombow gezogen. Das geht auch gut ohne Lineal. Dann habe ich noch den Tag in Schreibschrift gelettert, und schon konnte ich meine Termine notieren.

Da in dieser Woche Valentinstag ist, habe ich das zusätzlich gelettert und mit Herzchen versehen.

Tipp

Wenn du ein besonderes Event in der Woche hast, kannst du es gesondert noch mal etwas größer lettern. So siehst du auf den ersten Blick, dass in der Woche etwas Erfreuliches ansteht.

Material

- **Tombow Dual Brush Pen 761**
- **Tombow Dual Brush Pen 673**
- **Edding Profipen 0.5**
- **Pentel Touch Brush Pen**
- **Washi Tape pastellrosa**

Ich habe mir für diese Wochenübersicht überlegt, einen Habit-Tracker zu zeichnen. Dafür habe ich mir Kategorien aufgeschrieben und für die sieben Tage kleine Kreise gezeichnet.

Ein Habit-Tracker ist dazu da, deine Verhaltensweisen zu verfolgen. So kannst du zum Beispiel notieren, wie oft du diese Woche Sport gemacht, gelernt oder wie viel Zeit du am Handy verbracht hast. Hast du etwa am Montag Sport gemacht, so kannst du entsprechend in dieser Kategorie den ersten Kreis ausmalen. Mir persönlich hilft das sehr, mich zu motivieren. Auf Seite 124 zeige ich dir, wie man einen Habit-Tracker noch gestalten kann.

märz
Tombow ABT 245 Water-Based
Tombow ABT 192 Water-Based

Titelblatt

März

Um mit dem Monat März auch in meinem Bullet Journal den Frühling einzuleiten, habe ich mich für ein grünes Farbschema entschieden. Pflanzen und vor allem Kakteen sind in diesem Monat mein Thema.

Du beginnst zuerst damit, drei bis fünf Kakteen auf deinem Blatt zu platzieren. (Auf Seite 135 findest du hierzu ein paar Anregungen.) Denke daran, dass du nach unten etwas Platz für den Monat brauchst.

Um die Kakteen in ihren Hängetöpfen interessant zu gestalten, habe ich hier viel mit Licht und Schatten gearbeitet. Der Grundsatz hierbei ist: Möchtest du Schatten erzeugen, „schichte" deinen Tombow. So gewinnst du durch dunklere Farbabstufungen Tiefe. Auf die helle Seite des Topfes oder des Kaktus setzt du nun ein paar kleine Highlights mit einem weißen Gelstift. So entsteht der Eindruck von Lichtreflexionen.

Hast du die Pflanzen und die Blumentöpfe gezeichnet, kannst du beginnen, diese „aufzuhängen". Hierfür ziehst du von den Ecken deines Topfes diagonale Striche zu einem Punkt, den du dir vorher gesetzt hast. Von diesem Punkt zeichnest du nun einen Strich nach oben.

Für den Monat habe ich in der Farbe der Kakteen vier Kästchen gemalt, in die ich mit meinem weißen Gelstift den Monat eingetragen habe. Die Kästchen kannst du nun mit einem Schatten hinterlegen. Um den freien Raum auf der Seite zu füllen, habe ich noch ein paar verschieden große Punkte verteilt.

Material

- **Tombow Dual Brush Pen 192**
- **Tombow Dual Brush Pen 245**
- **Tombow Dual Brush Pen N89**
- **Edding Profipen 0.5**
- **Sakura Gelly Roll 10**

Monatsübersicht

März

Da ich wusste, dass ich im März nicht besonders viele Termine und Geburtstage einzutragen habe, ist diese Monatsübersicht recht klein. Die Kästchen für die einzelnen Tage sind sehr schmal, so hast du mehr Platz für kleine Illustrationen oder Letterings.

Du beginnst wieder damit, einen großen Kasten zu zeichnen, der über zwei Seiten verläuft. Diesen unterteilst du wiederum in kleine Tageskästchen.

Über die einzelnen Spalten kannst du die Tage notieren. Falls der Platz nicht ausreicht, kannst du die Tage mit ihren ersten drei Buchstaben abkürzen. Ich habe hierfür eine Schreibschrift gewählt, aber das kannst du ganz nach Belieben machen.

Material

- **Tombow Dual Brush Pen 192**
- **Tombow Dual Brush Pen 245**
- **Tombow Dual Brush Pen N89**
- **Edding Profipen 0.5**
- **Sakura Gelly Roll 10**

Notiere dir die Daten und deine wichtigsten Termine.

Je nachdem wie du deine Übersicht aufteilst, solltest du auf der linken oder rechten Seite noch viel Platz haben, den es zu füllen gilt. Getreu dem Thema kannst du ein paar Kakteen und Pflanzen illustrieren und natürlich auch noch etwas Schönes lettern.

Wochenübersicht

März

Diese Wochenübersicht ist sehr frei gestaltet. Ich habe hier auf Kästchen verzichtet. Um trotzdem etwas Ordnung in diese Seite zu bringen, habe ich einen Kaktus pro Tag beziehungsweise pro Wochenende gezeichnet. Ich habe mich hier dazu entschieden, Samstag und Sonntag zu einem Punkt zusammenzufassen, so sind die beiden Seiten gleichmäßig aufgeteilt.

Unter die Pflanzen habe ich einen Strich gezeichnet, um die Illustration von den Tagen zu trennen. Die Tage habe ich groß mit einer der Kaktusfarben darunter gelettert.

Durch diese Aufteilung der Tage hast du viel Platz nach unten. Diese Art von Übersicht eignet sich also perfekt, wenn du in dieser Woche viele Termine zu notieren hast.

Material

- **Tombow Dual Brush Pen 192**
- **Tombow Dual Brush Pen 245**
- **Tombow Dual Brush Pen N89**
- **Edding Profipen 0.5**
- **Sakura Gelly Roll 10**

Tipp

Wenn dir der Platz unter den Kakteen nicht ausreicht, um den Tag zu lettern, kannst du entweder eine andere Schriftart wählen oder du kürzt die Tage wie bei der Monatsübersicht ab.

Tombow ABT N65
Water-Based
Tombow ABT 055
Water-Based
april
Tombow ABT 947
Water-Based

Titelblatt

April

Für den April habe ich mir überlegt, das Thema „Bienen“ zu wählen.

Suche hierfür auch gerne ein anderes Insekt aus. Schmetterlinge sehen zum Beispiel auch toll aus!

Bei den Farben habe ich mich für einen schönen Gelbton und für ein Braun entschieden.

Um für etwas Abwechslung in meinem Bullet Journal zu sorgen, habe ich einen Rahmen auf die Seite gezeichnet, in den ich das Motiv gemalt habe. Achte hierbei darauf, dass der Rahmen zu allen Seitenrändern den gleichen Abstand hat. Male den Rahmen außerdem nicht zu klein, sonst sieht das Motiv darin schnell gequetscht aus.

Den Monatsnamen kannst du nun mittig platzieren. Ich habe mich hier für ein Brushlettering entschieden. Dieses kannst du, wenn du möchtest, mit einem grauen Schatten hinterlegen und mit einem weißen Gelstift ein paar Highlights hinzufügen.

Die Fluglinien der Bienen malst du dir am besten mit Bleistift vor. Anschließend kannst du sie mit einem Fineliner deiner Wahl gestrichelt nachfahren und dann die Bleistiftlinie wegradieren.

Für die Bienen habe ich einfach eine ovale Form gewählt, die du abwechselnd in Braun und Gelb ausmalen kannst. Für die Flügel zeichnest du einfach ein kleines verzerrtes Herzchen, welches du mit Grau hinterlegst. Wenn du möchtest, kannst du den Bienen passend zu der Schrift noch ein paar Highlights versetzen.

Material

- **Tombow Dual Brush Pen 055**
- **Tombow Dual Brush Pen 947**
- **Tombow Dual Brush Pen N65**
- **Edding Profipen 0.5**
- **Sakura Gelly Roll 10**

Monatsübersicht

April

Im Fokus dieser Monatsübersicht steht die süße Illustration auf der rechten Seite. Hierfür zeige ich dir auf Seite 136 eine genaue Anleitung.

Da auf der rechten Seite viel Platz für Illustrationen und Letterings deiner Wahl ist, sind die Kästchen für die Tage des Monats recht klein. Solltest du also mehr Platz für Termine und Ähnliches brauchen, male deinen Kasten und die darin enthaltenen Kästchen ruhig größer.

Am oberen Rand eines Kästchens ziehst du mit deinem Brush Pen eine breite Linie, in die du mit deinem Fineliner das Datum einträgst. Wenn du möchtest, kannst du den großen Kasten mit einem grauen Schatten hinterlegen.

Material

- **Tombow Dual Brush Pen 055**
- **Tombow Dual Brush Pen 947**
- **Tombow Dual Brush Pen N65**
- **Edding Profipen 0.5**
- **Sakura Gelly Roll 10**

Je nachdem wie viel Platz du jetzt noch auf der rechten Seite hast, kannst du dort noch ein paar Bienen illustrieren, oder du fügst so wie ich noch ein Wespennest hinzu.

Wenn du möchtest, kannst du darüber auch noch einen schönen Spruch oder den Monat lettern.

Wochenübersicht

April

Für diese Wochenübersicht startest du mit dem Lettern der einzelnen Wochentage.

Je nachdem wie viel Platz du dir zwischen den geletterten Tagen lässt, umso mehr oder weniger Platz hast du am Ende zum Eintragen deiner To-dos. Um die Anfangsbuchstaben deiner Wochentage fügst du einen bunten Kreis hinzu, um die Tage noch etwas mehr voneinander zu separieren. Um dein Lettering kannst du noch Verzierungselemente wie kleine Striche hinzufügen, wenn du möchtest.

Unter den Kreisen kannst du senkrecht das Datum in einer anderen Farbe notieren.

Material

- **Tombow Dual Brush Pen 055**
- **Tombow Dual Brush Pen 947**
- **Tombow Dual Brush Pen N65**
- **Edding Profipen 0.5**

Vermutlich hast du jetzt noch freien Platz auf deinen Seiten. Den füllst du mit einem kleinen Lettering oder weiteren Illustrationen wie kleinen Bienen, Fluglinien, kleinen Wölkchen oder noch einem Wespennest. Je nachdem worauf du Lust hast.

MAI
Tombow
Water-Based
ABT
905
Tombow
MONO drawingpen
Water-based pigment ink marker
01

Titelblatt

Dieses Titelblatt vereint filigrane Line Art mit kräftigen Farben.

Material

- **Tombow Dual Brush Pen 905**
- **Edding Profipen 0.5**
- **Pentel Touch Brush Pen**

Mai

Der Mai behandelt das Thema „Blumen". Rote Farbtöne bestimmen bei mir das Farbschema für diesen Monat, da ich mich bei den Blumen für Mohnblumen entschieden habe. Wie man diese zeichnet, zeige ich dir auf Seite 136. Selbstverständlich kannst du dir aber selber deine Lieblingsblumen aussuchen. Diese zeichnest du ganz einfach mit einem Fineliner.

Tipp

Auch One Line Art kann hier toll aussehen. Als One Line Art wird die Kunst bezeichnet, etwas mit nur einer Linie (ohne abzusetzen) zu zeichnen.

Versuche, verschiedene Blütenarten miteinander zu kombinieren. Zum Beispiel eine Blüte, die noch nicht aufgeblüht ist, eine Blüte, die ihren Kopf schon hängen lässt, und eine Knospe. So kannst du Abwechslung auf deiner Seite schaffen.

Nun ziehst du mit deinem Tombow eine willkürliche Linie über die Blumen. Das erzeugt einen schönen Effekt und gibt dir Platz, den Monat noch zu notieren.

Den Monat letterst du jetzt in einer Schriftart deiner Wahl über deinen Farbstreifen.

Ich habe mich hier für ein Brushlettering in Blockschrift entschieden.

Tipp

Besonders toll sieht es aus, wenn du den Monat versetzt zum Farbstreifen schreibst.

Monatsübersicht

Mai

Für die Monatsübersicht Mai zeichnest du so viele quadratische Kästchen, wie der Mai Tage hat. Achte hierbei darauf, dass du das Ganze mittig über zwei Seiten platzierst, so dass du zu allen Seiten noch Platz für Illustrationen hast. Für die Tage habe ich einfach mit einem roten Tombow kleine Kreise gezeichnet. In diese habe ich mit Weiß die Tage geschrieben. Nachdem du deine Termine eingetragen hast, kannst du dich an die Illustrationen wagen.

Deine Blumen zeichnest du rings um deine Kästchen herum. Auch hier kannst du wieder zwischen verschiedenen Blütenarten variieren.

Material

- **Tombow Dual Brush Pen 905**
- **Tombow Dual Brush Pen 885**
- **Tombow Dual Brush Pen 847**
- **Edding Profipen 0.5**
- **Sakura Gelly Roll 10**

In eine der Ecken kannst du nun den Monat lettern. Um meinem Stil im Mai treu zu bleiben, unterlege ich das Ganze wieder mit einem roten Strich.

Falls dir die Seite zu weiß ist, kannst du sie noch mit kleinen Punkten in Rot füllen, die du zufällig auf den Seiten verteilst.

Tagesübersicht

Mai

Für diese Tagesübersicht zeichnest du einen länglichen Kasten, den du in kleinere quadratische Kästchen unterteilst. Die Überschrift habe ich mit einer Schreibschrift gelettert, neben die ich das Datum notiert habe, links den Tag und rechts den Monat.

Die Kästchen kannst du in den Farben des Monats kolorieren und in diese anschließend mit einem weißen Gelstift die Uhrzeiten schreiben. Dann ziehst du kleine Linien zu den Uhrzeiten, bei denen etwas beginnt oder endet.

Tipp

Versuche, für deine Termine verschiedene Schriftarten zu benutzen, damit die Seite ansprechend und abwechslungsreich aussieht. So kannst du die Termine gut voneinander unterscheiden. Auch kleine Illustrationen zu den Terminen sehen toll aus.

Eine Tagesübersicht ist besonders geeignet für Tage, für die besonders viel ansteht, wie zum Beispiel ein genauer Lernplan, ein Kurzurlaub oder Ähnliches.

Material

- **Tombow Dual Brush Pen 905**
- **Tombow Dual Brush Pen 885**
- **Tombow Dual Brush Pen 847**
- **Edding Profipen 0.5**
- **Sakura Gelly Roll 10**
- **Pentel Touch Brush Pen**

Tombow ABT 620
Tombow ABT 623
JUNI

Titelblatt

Juni

Um den Sommer einzuleiten, habe ich mich für „Lavendel“ als Thema und für ein lila Farbschema entschieden. Dieses Titelblatt ist recht einfach und geht vor allem sehr schnell.

In die Mitte deiner Seite setzt du einen schwarzen Kasten, in den du mit weißem Gelstift den Monat einträgst. Hier habe ich mich für eine simple Druckschrift entschieden. Den Kasten kannst du, wenn du möchtest, mit einem lila Schatten versehen.

Um diesen Kasten herum sind verschieden große Lavendelblüten illustriert. Diese habe ich frei auf meinem Blatt verteilt. Auch du kannst sie ganz nach Belieben platzieren.

Tipp

Besonders schön sieht es aus, wenn du die Lavendelblüten in verschiedenen Lilatönen malst und in verschiedene Richtungen ausrichtest.

Material

- **Tombow Dual Brush Pen 620**
- **Tombow Dual Brush Pen 623**
- **Sakura Gelly Roll 10**
- **Pentel Touch Brush Pen**

Du kannst diese ganz grob mit einem Tombow deiner Wahl vormalen. Habe hierbei keine Angst, ich finde, es sieht sogar toll aus, wenn es nicht perfekt ist. Auf diese Tombow-Zeichnung kannst du nun mit einem Fineliner noch filigranere Lavendelblüten drübersetzen.

Falls dir die Seite so zu voll ist, kannst du auch weniger Blüten verwenden, sie dafür aber als einen Strauß zusammenzeichnen. Diesen kannst du in einer der Seitenecken positionieren.

Monatsübersicht

JUNI

Als Erstes ziehst du dir mit einem Brush Pen Linien über das Blatt. Diese können so lang sein, wie du möchtest. Du solltest aber darauf achten, dass sich die Linie danach in gleich große Teile einteilen lässt, so kannst du die Tage voneinander unterscheiden. Nun ziehst du mit einem Fineliner eine gerade Linie über die grobe Brush-Pen-Linie. Deine Brush-Pen-Linie markierst du mit dem Fineliner in gleich großen Abständen wie ein Maßband.

Da die Seite noch sehr weiß ist, kannst du zum Beispiel noch ein paar Lavendelblüten über die Seite verteilt illustrieren. Auch schwarze und lila Punkte kannst du hinzufügen oder noch den Monat und einen schönen Spruch auf die Seite lettern. Schon ist deine sommerliche Monatsübersicht fertig.

Die Monatsübersicht im Juni ist sehr frei gestaltet. Du kannst dir hier Abstände und Platz für die einzelnen Tage so einteilen, wie du möchtest.

MATERIAL

- **Tombow Dual Brush Pen 623**
- **Tombow Dual Brush Pen 620**
- **Pentel Touch Brush Pen**
- **Sakura Gelly Roll 10**

Wochenübersicht

Diese Wochenübersicht ist genau wie die Monatsübersicht sehr frei. Sie gibt dir die Möglichkeit, besonders viele Termine einzutragen, und viel Raum für zusätzliche Illustrationen oder Letterings.

JUNI

Du beginnst damit, sieben quadratische schwarze Kästchen zu zeichnen, und hinterlegst diese mit einem Schatten. In diese schreibst du mit dem weißen Gelliner die Daten. Von den Kästchen aus ziehst du Linien abwechselnd nach oben und nach unten, die du am Ende mit einem Punkt versiehst. An dem Ende der Linien kannst du deine Termine notieren.

Um mehr Übersicht zu schaffen, wähle für deine Termine verschiedene Schriftarten. So kannst du auch auf den ersten Blick zwischen der Wichtigkeit der Termine unterscheiden.

Falls du jetzt noch Platz auf deiner Seite hast, kannst du noch eine kleine Monatsübersicht oder einen Weekly-Tracker hinzufügen.

MATERIAL

- **Tombow Dual Brush Pen 623**
- **Tombow Dual Brush Pen 620**
- **Tombow Dual Brush Pen 403**
- **Pentel Touch Brush Pen**
- **Sakura Gelly Roll 10**

Tombow ABT 173
Tombow ABT 835
GELLY ROLL 10
juli

Titelblatt

Für den Monat Juli habe ich mir eine besondere Art von Lettering rausgesucht: das Ribbon Lettering.

Material

- **Tombow Dual Brush Pen 835**
- **Tombow Dual Brush Pen 173**
- **Tombow Dual Brush Pen 249**
- **Sakura Gelly Roll 10**
- **Pentel Touch Brush Pen schmal**

Juli

Ribbon Letterng

Ribbon Lettering ist gerade sehr im Trend. Es ist praktisch wie normales Brushlettering. Jedoch soll die Schrift am Ende so aussehen, als wäre sie mit einem Geschenkband gelegt. Diesen Effekt erzeugt man, indem man die Aufwärtsstriche seines Brushletterings schattiert. Du beginnst damit, die Aufwärtsstriche deines Letterings breiter zu malen und nun das Lettering mit Outlines in einem etwas dunkleren Ton zu versehen. Die Aufwärtsstriche verdunkelst du nun mit einer etwas dunkleren Farbe. Wenn du möchtest, kannst du am Ende noch Highlights hinzufügen.

Um deine Seite komplett zu machen, illustrierst du nun verschiedene Arten von Wassermelonen. Mal zeichnest du Viertel, mal halbe Scheiben. (Wie das Schritt für Schritt geht, zeige ich dir auf Seite 137). Hierfür nimmst du dir einen Rotton und zwei Grüntöne zur Hand.

Mit den grünen Pinselstiften illustrierst du nun die Schale der Wassermelone. Für das Fruchtfleisch der Wassermelone nimmst du dir den Rotton zur Hand.

Die Kerne der Wassermelone kannst du entweder mit einem Fineliner oder einem kleinen Brush Pen aufzeichnen. Füge nun ein paar Highlights mit einem weißen Gelstift hinzu, damit deine Wassermelonen etwas realistischer aussehen.

Monatsübersicht

JULI

Notiere dir die einzelnen Tage in einer Liste untereinander. Wenn du möchtest, kannst du um die Tage kleine Kästchen zeichnen.

Um Termine einzutragen, kannst du die Tage, an denen etwas ansteht, farblich hervorheben und die Termine direkt danebenschreiben oder ein paar Striche dazwischenzeichnen.

Über oder unter die Liste letterst du den Monat.

Die linke Seite neben der Monatsübersicht bietet Platz, um passend zum Thema des Monats ein paar Wassermelonen in verschiedenen Ausführungen zu illustrieren oder einen Spruch zu lettern.

Wenn du möchtest, kannst du noch ein paar Wasserspritzer hinzufügen, die du noch einmal mit einem Fineliner nachfährst.

Die Monatsübersicht als Liste anzufertigen ist die einfachste und schnellste Art einer Monatsübersicht.

MATERIAL

- **Tombow Dual Brush Pen 835**
- **Tombow Dual Brush Pen 173**
- **Tombow Dual Brush Pen 249**
- **Tombow Dual Brush Pen 403**
- **Pentel Touch Brush Pen**
- **Sakura Gelly Roll 10**

Wochenübersicht

Juli

Meine Wochenübersicht für Juli besteht neben den Kästen für die einzelnen Tage aus einer großen Überschrift, einer kleinen Monatsübersicht und einem kleinen Weekly-Tracker für deinen Lieblingssong oder -film.

Beginne mit der großen Überschrift zwischen deiner Monatsübersicht und deinem Weekly Tracker. Dafür malst du die Outlines der Buchstaben und füllst diese mit einem Wassermelonenmuster.

Für deine Termine zeichnest du pro Tag/Wochenende einen Kasten. Du kannst auch einen zusätzlichen Kasten für deine wöchentlichen To-dos zeichnen. Die Daten habe ich mit weißem Gelstift in kleine schwarze Kästchen notiert.

Lettere in jeden Kasten den entsprechenden Tag. Falls noch Platz ist, illustriere ein paar Melonen.

Diese Wochenübersicht beinhaltet eine To-do-Liste. Perfekt für wichtige Abgaben oder Termine.

Material

- **Tombow Dual Brush Pen 835**
- **Tombow Dual Brush Pen 173**
- **Tombow Dual Brush Pen 403**
- **Tombow Dual Brush Pen 249**
- **Pentel Touch Brush Pen**
- **Sakura Gelly Roll 10**

Tombow ABT
055
Tombow ABT
Water-Based
062

Titelblatt

August

Statt auf meinem Titelblatt für August den ganzen Monat zu lettern, habe ich mich dazu entschieden, nur den Anfangsbuchstaben herauszuheben. Hier habe ich mich für eine Schrift mit Serifen entschieden.

Du beginnst damit, deinen gewünschten Anfangsbuchstaben mit Bleistift vorzuzeichnen.

Dann malst du Zitronen (oder gerne auch andere Früchte) um den Buchstaben herum.

Material

- **Tombow Dual Brush Pen 055**
- **Tombow Dual Brush Pen 062**
- **Pentel touch Brush Pen**
- **Edding profipen 0,5**

Tipp

Achte darauf, dass du wirklich alles um den Buchstaben herum mit Farbe und Früchten füllst, sonst kann es sein, dass man am Ende den Buchstaben nicht erkennt.

Wähle hierfür mehrere Farbtöne und verschiedene Motivvarianten. Versuche es mit einer Zitrone im Ganzen, mit einer aufgeschnittenen Frucht oder mit nur einer einzelnen Zitronenscheibe. Das Ganze muss auch nicht besonders ordentlich aussehen, Hauptsache, du kannst den Raum um den Buchstaben füllen.

Wenn du möchtest, kannst du nun mit Fineliner über die bunt gemalten Zitronen noch ein paar detaillierte Zitronen zeichnen. Achte auch hier darauf, verschiedene Ansichten zu wählen, um Abwechslung zu schaffen.

Falls man deinen Buchstaben immer noch nicht erkennen sollte, fahre diesen noch einmal mit Fineliner nach.

Um die restliche Seite zu füllen, kannst du nun noch ein paar verschieden große Pünktchen drum herumzeichnen.

Monatsübersicht

August

Zu Beginn schreibst du auf einer Seite deines BuJos die Daten der Tage untereinander. Um die Termine und Tage nun etwas voneinander unterscheiden zu können, kannst du alle geraden oder ungeraden Tage des Monats mit jeweils einer Farbe deiner Wahl markieren. Das macht das Ganze sehr viel übersichtlicher.

Selbstverständlich könntest du aber auch mit einem Fineliner Linien ziehen.

Auf die andere Seite deines Bullet Journals letterst du den Monat und versiehst ihn mit ein paar Illustrationen. Außerdem kannst du darunter noch eine kleine Monatsübersicht zeichnen. Das ist hilfreich, damit du ablesen kannst, welche Tage deiner Liste welchem Wochentag entsprechen, und dient gleichzeitig als Platzfüller.

Anhand des Augusts zeige ich dir, dass du mit wenig Zeit eine tolle Monatsübersicht gestalten kannst.

Material

- **Tombow Dual Brush Pen 055**
- **Tombow Dual Brush Pen 062**
- **Pentel Touch Brush Pen**
- **Sakura Gelly Roll 10**
- **Edding Profipen 0,5**

Wochenübersicht

Für diese Wochenübersicht habe ich mir etwas Besonderes überlegt: eine Dutch Door.

August

Dutch Door

Als Dutch Door wird eine Seite in deinem Bullet Journal bezeichnet, die angeschnitten wird, damit du sie wie eine Tür auf- und zuklappen kannst. Das ist praktisch für Wochen- und Monatsübersichten, bei denen du viel Platz brauchst. Außerdem wird die Übersicht so zu einem Highlight in deinem Kalender.

Sei dir bewusst, wie deine Seite am Ende aussehen soll, bevor du eine Seite im Journal zerschneidest. Zeichne am besten dein Seitenlayout mit Bleistift vor. An den Rändern kannst du Monatsübersichten, Weekly Tracker oder Illustrationen platzieren.

Auf der Dutch Door selbst und den angrenzenden Bereichen letterst du deine Tage und notierst deine Termine. Für mehr Übersichtlichkeit fügst du einfach einen Trennungsstrich zwischen den Tagen ein.

Material

- Tombow Dual Brush Pen 055
- Tombow Dual Brush Pen 062
- Pentel Touch Brush Pen
- Edding Profipen 0,5

SE
PT
EM
BER

Titelblatt

Passend zum Schulanfang in diesem Monat wird das Thema des Septembers „Schule und Schulutensilien“ sein.

Material

- **Tombow Dual Brush Pen 055**
- **Tombow Dual Brush Pen 803**
- **Tombow Dual Brush Pen 492**
- **Tombow Dual Brush Pen N95**
- **Edding Profipen 0,5**

September

Du beginnst damit, den Monatsnamen zu lettern. Ich habe mich hier für eine klassische Blockschrift entschieden, die nur aus Outlines besteht. Meine Schrift habe ich hier auch nicht besonders hervorgehoben, da die restliche Seite sehr verspielt ist.

Ich habe die Buchstaben untereinandergesetzt, um die Illustrationen drum herum besser um die Schrift verteilen zu können, aber du kannst sie auch gerne nebeneinandersetzen.

Überlege dir nun Schulutensilien, die du zeichnen möchtest. Schulrucksäcke, Geodreiecke, Federmäppchen, Scheren oder einzelne Zahlen eignen sich hierfür natürlich optimal.

Du darfst natürlich auch deine Lieblingsstifte oder Bastelutensilien zeichnen. Am besten du skizzierst diese erst mit Bleistift vor. Wenn du mit deinen Bleistiftzeichnungen zufrieden bist, kannst du sie mit Fineliner nachziehen.

Nun malst du alles bunt aus. Ich habe mich hier für ein Pink, ein Gelb und Blau entschieden; manche Elemente habe ich in Hellgrau ausgemalt. Du musst nicht alles perfekt ausmalen, ich finde, es kann auch super aussehen, wenn die Farbe über die Finelinerlinien hinausgeht.

Wenn es dir noch zu kahl aussieht, kannst du jetzt noch kleinere bunte Elemente wie Büroklammern oder große und kleine Punkte in deinen ausgewählten Farben dazumalen.

Monatsübersicht

Ähnlich zu einer Monatsübersicht mit Liste ist diese Monatsübersicht des Septembers aufgebaut. Hier habe ich mich aber nicht für eine vertikale, sondern eine horizontale Liste entschieden.

September

Notiere die Daten deines Monats mittig nebeneinander. Ziehe um die Zahlen einen Kasten und trenne sie mit kleinen vertikalen Strichen voneinander. So erinnert es passend zum Thema an ein Lineal.

Unter deine Zahlenleiste letterst du den Monat. Ich habe hier die Buchstaben bunt mit Brush Pen vorgezeichnet und mit einem Fineliner nachgefahren.

Tipp

Für einen besonderen Effekt zeichne deinen Fineliner-Buchstaben etwas versetzt zum Brush-Pen-Buchstaben.

Zeichne vom entsprechenden Tag einen Pfeil zu einem freien Platz, wo du den Termin notierst. Das Ganze funktioniert ähnlich wie eine Mindmap. Nutze dabei unterschiedliche Schriftarten oder Farben.

Material

- **Tombow Dual Brush Pen 055**
- **Tombow Dual Brush Pen 803**
- **Tombow Dual Brush Pen 492**
- **Edding Profipen 0,5**
- **Pentel Touch Brush Pen**

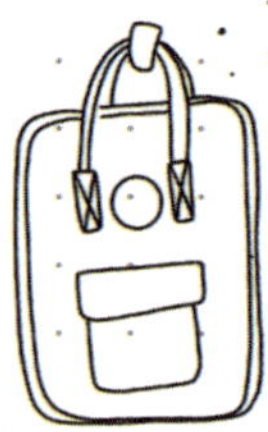

Wochenübersicht

Diese Wochenübersicht ist eine der einfachsten überhaupt.

September

Separiere deine Seiten mithilfe zweier Striche jeweils in drei Zeilen. Da du so nur sechs statt sieben Zeilen für deine Wochentage zur Verfügung hast, werden Samstag und Sonntag zu „Wochenende“ zusammengefasst.

Am oberen Rand jeder Zeile letterst du den Tag. Ich habe mich hier für dieselbe Schrift wie bei der Monatsübersicht entschieden.

Am rechten unteren Rand der Zeilen notierst du das Datum. Hierfür malst du mit deinem Brush Pen einen Kreis, den du mit Fineliner nachfährst. In die Mitte des Kreises schreibst du die entsprechende Zahl.

Schon kannst du beginnen, deine To-dos und Termine einzutragen. Solltest du noch Platz frei haben, illustriere hier und da ein paar Schulutensilien.

Material

- **Tombow Dual Brush Pen 055**
- **Tombow Dual Brush Pen 803**
- **Tombow Dual Brush Pen 492**
- **Edding Profipen 0,5**
- **Pentel Touch Brush Pen**

OKTOBER

Titelblatt

Oktober

Ein paar Planeten und der Sternenhimmel finden auf diesem Titelblatt Platz.

Beginne damit, dir mit Bleistift vier bis fünf Planeten und eine größere Sonne mit Bleistift vorzuzeichnen. Diese kolorierst du nun mit verschiedenen Farben und Mustern. Wenn du möchtest, kannst du der Sonne ein süßes Lächeln aufsetzen.

In den Hintergrund dieser Planeten zeichnest du dir jetzt ein Viereck. Das kann ein Quadrat oder ein Rechteck jeglicher Größe sein.

Dieses Viereck füllst du mit einem dunklen Blauton. Achte hierbei darauf, dass das Blau dunkel genug ist, da man am Ende sonst den weißen Gelstift darauf nicht gut genug sehen könnte. Wenn du die Seite mit viel Farbe füllst, kann es sein, dass sich die Farbe durchdrückt. Entweder du klebst die nächsten beiden Seiten dann zusammen oder du fertigst deine Galaxie-Illustration auf einem separaten Blatt an, das du auf deine Seite im Bullet Journal klebst.

Zeichne mit dem Gelstift ganz viele kleine und größere Sterne in deinen dunklen Kasten. Variiere auch hier zwischen verschiedenen Sternen.

Fahre den Kasten und die Planeten noch einmal mit Fineliner nach. Optional kannst du an den Ecken des Vierecks noch etwas Washi Tape aufkleben.

Jetzt letterst du nur noch den Monat in eine Ecke, und schon ist dein Titelblatt für den Oktober fertig!

Material

- **Tombow Dual Brush Pen 403**
- **Tombow Dual Brush Pen 569**
- **Tombow Dual Brush Pen 515**
- **Tombow Dual Brush Pen 173**
- **Tombow Dual Brush Pen 055**
- **Tombow Dual Brush Pen 533**
- **Tombow Dual Brush Pen 062**
- **Tombow Dual Brush Pen 755**
- **Tombow Dual Brush Pen 847**
- **Edding Profipen 0,5**
- **Sakura Gelly Roll 10**

Tipp

Falls du nicht so viele Brush Pens zur Hand hast, benutze zum Kolorieren der Planeten Buntstifte. Auch das funktioniert prima.

Monatsübersicht

Oktober

Die Monatsübersicht des Oktobers besteht aus kleinen aneinandergereihten Kästchen. Ich habe hier noch ein paar Tage des Novembers dazugezeichnet. Das kannst du machen, wenn deine Termine oder Ferien über einen Monat hinausreichen.

An den Verbindungspunkten der Kästchen fügst du kleine schwarze Kreise hinzu, in die du das Datum schreibst.

Illustriere rund um die Kästchen verschiedene Planeten. Male diese wieder in verschiedenen bunten Farben aus. Falls du passende Sticker hast, kannst du diese auch gerne für die Seite verwenden.

Den Weißraum um die Planeten füllst du mit kleinen Sternen oder Sternschnuppen. Unter den Kasten habe ich noch etwas Washi Tape in zwei Farben aufgeklebt und darauf den Monat gelettert.

Material

- **Tombow Dual Brush Pen 403**
- **Tombow Dual Brush Pen 569**
- **Tombow Dual Brush Pen 515**
- **Tombow Dual Brush Pen 173**
- **Tombow Dual Brush Pen 055**
- **Tombow Dual Brush Pen 533**
- **Tombow Dual Brush Pen 062**
- **Tombow Dual Brush Pen 755**
- **Tombow Dual Brush Pen 847**
- **Edding Profipen 0,5**
- **Sakura Gelly Roll 10**

Wochenübersicht

Oktober

Zeichne dir für diese Wochenübersicht dein gewünschtes Layout erst einmal mit Bleistift vor, sonst kann es passieren, dass dir für manche Elemente am Ende nicht mehr genug Platz bleibt.

Auf einer deiner Seiten platzierst du einen kleinen dunkelblauen Kasten, um darauf mit weißem Gelstift deinen Monat zu lettern. Nach Belieben kannst du den Kasten auch wieder mit Washi Tape bekleben. Darunter zeichnest du dir eine kleine Monatsübersicht und markierst darin die aktuelle Woche. Platziere darunter noch einen Weekly Tracker und halte deinen Lieblingssong oder -film der Woche fest.

Für jeden Tag illustrierst du einen kleinen Planeten, in den du das Datum notieren kannst. Daneben letterst du den aktuellen Tag. Freien Raum auf der Seite kannst du mit kleinen Sternchen und Punkten füllen.

Material

- **Tombow Dual Brush Pen 403**
- **Tombow Dual Brush Pen 569**
- **Tombow Dual Brush Pen 515**
- **Tombow Dual Brush Pen 173**
- **Tombow Dual Brush Pen 055**
- **Tombow Dual Brush Pen 533**
- **Tombow Dual Brush Pen 062**
- **Tombow Dual Brush Pen 755**
- **Tombow Dual Brush Pen 847**
- **Edding Profipen 0,5**
- **Sakura Gelly Roll 10**

you got THIS Babe
OKTOBER
VISKO

MARKETING
17⁰⁰ MARIE
METE
the Universe is with u

Tombow ABT
Water-Based
touch サインペン SES15C
November

Titelblatt

November

Da ich im Oktober das Thema „Universum“ hatte, wollte ich wenigstens im Monat November das Thema „Herbst“ behandeln. Dafür habe ich herbstliche Farben wie Orange, Hell- und Dunkelbraun gewählt. Das Lettering in der Mitte ist auf dieser Seite besonders auffällig.

Du beginnst damit, mit einem Brush Pen deiner Wahl deinen Monat zu lettern. Hierfür kannst du eine Schriftart wählen, die dir am besten gefällt. Nun fährst du den oberen Teil deiner Schrift mit derselben Farbe noch einmal etwas kräftiger nach, um ein leichtes Blending zu erzeugen. Wenn du möchtest, kannst du jetzt ein paar Highlights hinzufügen.

Das Ganze hinterlegst du mit einem grauen Schatten. Falls du es so wie ich machen möchtest, zeichnest du zusätzlich auch noch einen dünnen Schatten mit einem schwarzen Fineliner zwischen die Schrift und den grauen Schatten.

Nun umrandest du den Schriftzug mit gleichem Abstand von allen Seiten in einem etwas dunkleren Farbton und legst auch hier wieder einen Schatten an.

Um das Lettering kannst du jetzt herbstliche Elemente wie verschiedene Blätter, Kürbisse oder Eicheln illustrieren. Male diese grob mit einem Brush Pen vor und zeichne sie mit einem Fineliner etwas versetzt nach. Füge unbedingt auch ein paar Details hinzu, wie zum Beispiel bei der Eichel.

Um die Illustrationen kannst du noch ein paar Punkte beliebig auf deiner Seite verteilen, um sie ganz auszufüllen.

Material

- **Tombow Dual Brush Pen 912**
- **Tombow Dual Brush Pen 993**
- **Tombow Dual Brush Pen 977**
- **Tombow Dual Brush Pen 933**
- **Tombow Dual Brush Pen N75**
- **Edding Profipen 0,5**
- **Sakura Gelly Roll 10**

Monatsübersicht

November

Auf der linken Seite dieser Monatsübersicht platzierst du einen großen Kasten, den du in die Tage des Monats unterteilst. Monatsübersichten müssen nicht immer sieben Kästchen in der Breite haben. Du kannst deine Einteilung ganz frei wählen. Ich habe fünf Kästen in der Breite und sieben Kästen in der Länge gewählt. Der einzige Nachteil hierbei ist, dass du die Wochentage nicht über den Spalten notieren kannst, da diese nicht untereinander stehen.

Stemple unter dem großen Kasten den Monatsnamen. Auf der rechten Seite deiner Übersicht hast du jetzt viel freien Platz. Diesen kannst du beispielsweise für einen Habit- oder Mood-Tracker nutzen. Oder platziere hier ein Lettering deiner Wahl in Kombination mit ein paar kleinen Illustrationen. Ich habe mich dazu entschieden, „Hallo Herbst" zu lettern und die Seite mit ein paar braunen Eicheln und schwarzen Punkten zu füllen.

Material

- **Tombow Dual Brush Pen 912**
- **Tombow Dual Brush Pen 993**
- **Tombow Dual Brush Pen 977**
- **Tombow Dual Brush Pen 933**
- **Tombow Dual Brush Pen N75**
- **Edding Profipen 0,5**
- **Sakura Gelly Roll 10**
- **Buchstabenstempel**
- **Stempelkissen schwarz**

Wochenübersicht

November

Beginne damit, einen Rahmen mit Fineliner innerhalb deiner Doppelseite zu zeichnen. Achte darauf, dass du ungefähr den gleichen Abstand zu allen Seitenrändern hältst. Diesen Rahmen fährst du noch einmal mit einem breiteren Stift nach.

Nun unterteilst du deine Seite horizontal in zwei Hälften. Die obere Hälfte soll später mit Illustrationen, einer kleinen Monatsübersicht oder Letterings gefüllt werden. In der unteren Hälfte zeichnest du für die einzelnen Tage sechs längliche Kästchen auf, die du mit Schatten in herbstlichen Farben hinterlegst. Über die Kästchen notierst du dir in einer geeigneten Schriftart die Abkürzung der Wochentage.

Die obere Hälfte der Seite kannst du jetzt noch nach Belieben füllen, zum Beispiel mit kleinen herbstlichen Illustrationen und einem passenden Lettering.

Material

- Tombow Dual Brush Pen 912
- Tombow Dual Brush Pen 993
- Tombow Dual Brush Pen 977
- Tombow Dual Brush Pen 933
- Tombow Dual Brush Pen N75
- Edding Profipen 0,5
- Sakura Gelly Roll 10
- Buchstabenstempel
- Stempelkissen schwarz
- Pentel Touch Brush Pen

dezember
108
#touch サインペン
MADE IN VIETNAM

Titelblatt

Im Dezember findet Weihnachten statt, deswegen habe ich mich dazu entschieden, diese Feiertage beim Titelblatt zu thematisieren.

Material

- **Tombow Dual Brush Pen 835**
- **Edding Profipen 0,5**
- **Sakura Gelly Roll 10**

Dezember

Das Titelblatt des Dezembers ist hauptsächlich mit Illustrationen gefüllt. Zu Beginn letterst du aber erst einmal deinen Monat mittig auf die Seite. Ich habe dafür ein klassisches Brushlettering mit roter Farbe gewählt. Du kannst natürlich die Schriftart nutzen, die dir am besten gefällt.

Meine Schrift habe ich mit einem schwarzen Schatten hinterlegt. Hierfür eignet sich am besten ein Fineliner oder die dünne Spitze eines schwarzen Tombow Brush Pens. Auch ein grauer Schatten dahinter sieht toll aus. Nun kannst du mit einem weißen Gelstift noch ein paar Highlights setzen.

Um deine Schrift illustrierst du jetzt verschiedene weihnachtliche Elemente. Variiere hierbei zwischen Zeichnungen, die am oberen Rand deines BuJos beginnen, Zeichnungen, die die Schrift berühren, und Zeichnungen, die frei auf der Seite platziert sind.

Zum Thema „Weihnachten“ kannst du zum Beispiel folgende Dinge zeichnen:

- Mistelzweige
- Winterklamotten
- Geschenke
- Rentiere
- Glocken
- Schneeflocken
- Stechpalme

Illustriere diese einfach mit deinem Lieblingsfineliner. Male kleinere Elemente schwarz aus und lasse bei anderen Zeichnungen nur die Outlines stehen.

Falls du nun immer noch freien weißen Raum um deine kleinen Illustrationen hast, kannst du diesen ganz einfach mit Punkten, kleinen Sternen oder auch kleineren Schneeflocken füllen.

Monatsübersicht

> **Diese Monatsübersicht beinhaltet einen echten Blickfang: eine Dutch Door.**

Dezember

Auf der linken Seite platzierst du deine Monatsübersicht in Listenform. Ich habe dazu die Daten untereinander notiert und sie links davon mit zwei Linien in Rot und Grün verziert.

Auf der rechten Seite hast du Platz für ein Lettering, Illustrationen oder kleinere Tracker. Lass eine Seite zwischen Monatsübersicht und Illustrationen frei. Mit dieser Seite schaffen wir extra viel Platz, denn wir werden sie in eine Dutch Door verwandeln. Dafür habe ich die zusätzliche Seite horizontal in der Mitte durchgeschnitten und die obere Hälfte entfernt. Am besten verwendest du hierfür einen Cutter.

Die Dutch Door kannst du dafür nutzen, wichtige Tage des Monats, wie die Feiertage rund um Weihnachten, genau zu planen. Zeichne dazu einen Rahmen um die Dutch Door, in den du die Uhrzeiten und die zugehörigen Termine notieren kannst.

Material

- **Tombow Dual Brush Pen 835**
- **Tombow Dual Brush Pen 249**
- **Edding Profipen 0,5**
- **Sakura Gelly Roll 10**
- **Buchstabenstempel**
- **Stempelkissen schwarz**

Wochenübersicht

Dezember

Diese Wochenübersicht besteht aus einzelnen Kästen für die jeweiligen Tage. Zeichne leicht versetzt den sichtbaren Teil eines dahinterliegenden Kastens, ähnlich wie einen Schatten. Schraffiere diesen Teil wie eine Zuckerstange mit roten Linien.

In die Kästen letterst du die Abkürzungen der einzelnen Tage. Darunter schreibst du die Daten, wobei du die Zahlen zur Abwechslung ausschreibst. Dann kannst du schon deine Termine eintragen.

Optional ist eine kleine Monatsübersicht, in der die aktuelle Woche markiert ist. Falls noch Platz ist, füge kleine Elemente wie einen Weekly Tracker oder Illustrationen hinzu. Hierfür eignen sich zum Beispiel Motive wie Stechpalmen, Mistelzweige oder Zuckerstangen.

Material

- Tombow Dual Brush Pen 249
- Tombow Dual Brush Pen 835
- Edding Profipen 0,5
- Pentel Touch Brush Pen

Schule und

Studium

Schule und Studium

Schüler und Studenten haben meistens viele Hausaufgaben, Abgaben und Schulaufgaben gleichzeitig zu koordinieren. Es gibt verschiedene Pläne und Tracker, die hier hilfreich sein können. Im Gegensatz zu vorgefertigten Kalendern mit integrierten Listen und Hilfen kannst du in deinem Bullet Journal alles selber designen und dir so viel Platz und Zeit nehmen, wie du brauchst.

Ein paar Arten von Planungsmöglichkeiten, die dir beim Organisieren helfen können, stelle ich dir nun vor:

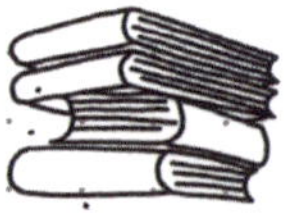

Stundenplan

Neben einem Stundenplan über dem Schreibtisch, ist es sehr praktisch, seinen eigenen Stundenplan immer mit dabeizuhaben. Solltest du mal einen Raum suchen oder nicht wissen, welche Stunde du als nächstes hast, kannst du einfach einen Blick in dein Bullet Journal werfen, und du weißt, was ansteht. Es gibt ganz viele verschiedene Designs und Layouts für den Aufbau deines Stundenplans. Vielleicht kann ich dich ja inspirieren.

Notenübersicht

Eine Notenübersicht in deinem Bullet Journal zu haben ist aus mehreren Gründen praktisch. Zum einen verlierst du nicht den Überblick, in welchen Fächern es mal nicht so glatt lief und was du vielleicht verbessern musst, zum anderen kannst du hier auch deine Wünsche notieren und so auf deine Ziele hinarbeiten.

Lernplan

Mit einem Lernplan behältst du alle Prüfungen und Referate im Blick und kannst dir einteilen, wann du am besten wofür lernst und was die jeweiligen Inhalte der Prüfungen sein werden. Es ist sehr gut, so etwas im Bullet Journal zu haben, da du auch unterwegs immer einen Blick darauf werfen kannst.

Projektplan

Ein solcher Projektplan kann dir dabei helfen, riesige Projekte oder Aufgaben in kleinere Aufgaben zu zerlegen und die verschiedenen Aufgaben Schritt für Schritt abzuarbeiten.

Neben diesen Trackern und Übersichten gibt es noch ganz viele andere schöne Ideen für dein Bullet Journal, die dir deinen Schulalltag vereinfachen und verschönern können. Zum Beispiel:

- Hausaufgabenliste
- Adress- und Telefonliste deiner Freunde
- Lern-Tracker
- Passwörter
- Geburtstagsliste deiner Klasse

Auf den folgenden Seiten zeige ich dir ein paar Ideen und Anwendungsbeispiele zum Thema Schule und Studium. Vielleicht hilft es dir ja!

Stundenplan

Für diesen Stundenplan letterst du zuerst die Überschrift. Ich habe hierfür eine Druckschrift gewählt, die ich mit einem Schatten hinterlegt habe. Aber du kannst dir natürlich die Schriftart aussuchen, die dir am besten gefällt. Ich bin mir zum Beispiel sicher, dass Brushlettering hier auch toll aussieht.

Nun zeichnest du für jede Stunde kleine quadratische Kästchen auf. Ich habe mir im Vorhinein ausgerechnet, wie viele Kästchen ich brauche und wie groß diese sein dürfen. Bei mir sind sie nur 1 cm x 1 cm groß, da ich recht viele Stunden unterbringen musste.

Über die Kästchen kannst du nun „m" für Montag, „d" für Dienstag und so weiter notieren. In die Kästchen habe ich anschließend die jeweiligen Uhrzeiten geschrieben, du kannst sie aber auch links neben die Kästchen schreiben, dann hast du mehr Platz und kannst genauer werden.

Jetzt kannst du dir einen Farbcode für deine Fächer überlegen.

Unter den Kästchen erstellst du dir dann mit dem Farbcode eine Legende. Jetzt musst du nur noch die verschiedenen Kästchen in den entsprechenden Farben schraffieren oder ausmalen.

Wenn du möchtest, kannst du deine Seite noch mit Illustrationen oder Stickern dekorieren.

Schon ist dein Stundenplan fertig!

Material

- **Pentel Touch Brush Pen**
- **Tombow MONO Drawing Pen 01**
- **Tombow Dual Brush Pens in verschiedenen Farben**

Tipp

Diesen Farbcode kannst du für dein ganzes Bullet Journal verwenden, dann weißt du immer sofort, um welches Fach es sich handelt.

STUNDENPLAN
m d m d f
Visko R206
Mete R211
Typo R206
Mark. R206
Soz. Ku. R206
Zeichnen R122
Fako R206
Foto R206
KuDe R206
Tombow ABT
Water-Based
025

mt
NOTEN
VISKO visko 4 1 2 2
METE mete 2 1
TYPO typo 3 3 2 2
MARK mark 1 2
SOZ.KU. sozialkunde 3 2
ZEICHNEN zeichnen 2 2
FAKO fako 3 1 2 1 2
FOTO foto 2 2
KUDE kude 3
115
Tombow
MONO drawingpen
Water-based pigment ink marker
01

Notenübersicht

Ich beginne wieder mit der Überschrift. Hierfür habe ich dieselbe Schriftart gewählt wie beim Stundenplan, weil ich gerne alles einheitlich gestalte und die Notenübersicht bei mir meistens auf der Seite neben dem Stundenplan liegt.

Nachdem du deine Überschrift individuell gestaltet hast, machst du dich daran, deine Fächer zu lettern. Diese Schriftart habe ich dir auf Seite 27 bei den Ideen für verschiedene Überschriften schon einmal vorgestellt. Dazu letterst du zuerst mit der dünnen Seite des Brush Pens dein Fach in Druckbuchstaben. Nun nimmst du dir einen dünnen Fineliner zur Hand und letterst in langgezogener Schreibschrift dasselbe Wort noch einmal drüber.

Das sieht am Ende wirklich schön aus und geht super einfach!

Jetzt kannst du deine Noten aufschreiben. Entweder du ziehst noch eine Trennungslinie zwischen den Fächern und den Noten oder du lässt es so wie ich.

Optional kannst du auch noch deine Noten vom Vorjahr an den rechten Rand deiner Seite schreiben. So kannst du anhand dessen analysieren, ob du dich verbesserst oder verschlechterst, und so deine Ziele besser im Auge behalten.

Genau wie bei dem Stundenplan kannst du nun noch kleine Illustrationen hinzufügen, wenn du möchtest.

Material

- **Pentel Touch Brush Pen**
- **Tombow MONO Drawing Pen 01**
- **Tombow Dual Brush Pens in verschiedenen Farben**

Lernplan

MATERIAL

- Pentel Touch Brush Pen
- Sakura Gelly Roll 10
- Tombow MONO Drawing Pen 01
- Tombow Dual Brush Pen 603
- Tombow Dual Brush Pen 620
- Tombow Dual Brush Pens in den Farben deines Farbcodes

Der Lernplan soll dir dabei helfen, dein ganzes Halbjahr oder Semester zu organisieren und alle Prüfungen und Klausuren im Blick zu haben.

Auf die rechte Seite deiner Doppelseite kannst du das Wort „Lernplan“ in einer Schriftart deiner Wahl lettern und mit kleinen Punkten, Sternen oder Illustrationen dekorieren.

Darunter kannst du deine anstehenden Klausuren und Referate mit passenden Daten notieren. Hierfür kannst du deinen Farbcode verwenden, den du im Stundenplan festgelegt hast.

Um dich besonders zu motivieren, kannst du die letzte Prüfung deines Semesters besonders hervorheben. Zum Beispiel mit einem Banner oder einem schwarzen Kasten, den du mit einem weißen Gelstift beschriftest.

Auf die linke Seite deiner Doppelseite kannst du dir kleine Monatsübersichten der Monate aufmalen, in denen die Prüfungen stattfinden, und dir noch einmal deine Prüfungen eintragen. Außerdem kannst du eintragen, wann du für welches Fach lernen möchtest.

Ich habe die Tage, an denen ich lernen möchte, umkreist und die Tage mit Prüfungen umkreist und ausgemalt. So kannst du Lernphasen und Prüfungen perfekt unterscheiden.

Rechts neben den Monatsübersichten befindet sich noch einmal eine kleine Legende, die angibt, welches Symbol was bedeutet.

Falls noch Platz ist, kannst du auf dem unteren Teil der linken Seite nun noch einen schönen motivierenden Spruch lettern.

projektplan
PROJEKT:
Schulhausgestaltung
Orte besuchen
erledigt?
Entwurf / Genehmigung
erledigt?
Farben kaufen
erledigt?
abkleben
erledigt?
in Teams malen
erledigt?
21.
September
präsentation
MONO drawingpen
Tombow

Projektplan

Oft stößt du in deiner Schullaufbahn oder in deinem Studium auf große Projekte, Arbeiten oder Abgaben. Diese erscheinen am Anfang meist unmöglich und unübersichtlich. Wenn du ein solches Projekt vor dir hast, kann dir ein Projektplan helfen.

Für die Überschrift habe ich mir überlegt, einen schwarzen Kasten aufzumalen und diesen mit ein paar Blümchen zu verzieren. Die Farben für die Blümchen kannst du dir gerne selbst aussuchen, ich habe mich für ein helles Grau und ein Gelborange entschieden. In diesen Farben habe ich auch die restliche Seite gestaltet.

Gib deinem Projekt einen Namen und platziere diesen unter der Überschrift. Jetzt kannst du dir überlegen, aus wie vielen Schritten und To-dos dein Projekt besteht. Vielleicht reichen dir vier, vielleicht brauchst du aber auch zehn. Für jeden einzelnen Schritt zeichnest du dir einen kleinen Kasten, den du beschriften und mit einem kleinen Kästchen versehen kannst, das du abhaken darfst, wenn der Schritt erledigt ist. Am Ende der Seite sollte Platz für dein Ziel sein. Dieses kannst du besonders hervorheben, etwa durch kleine Illustrationen oder durch ein schönes Lettering. Gutes Gelingen!

Material

- **Pentel Touch Brush Pen**
- **Tombow MONO Drawing Pen 01**
- **Tombow Dual Brush Pen 985**
- **Tombow Dual Brush Pen N95**

Freizeit

Freizeit

Neben Seiten, die sich mit Schule und Universität beschäftigen, sollten auch schöne Seiten zu deiner Freizeitgestaltung in deinem Bullet Journal Platz finden. Denn es soll dich nicht nur in den stressigen Phasen deines Lebens unterstützen, indem es Ordung schafft, sondern dir auch beim Planen von Ferien oder Urlaub helfen.

Du kannst dich in deinem Bullet Journal mit deinen Hobbys beschäftigen oder deine Lieblingsfilme oder -musik tracken, also festhalten, und dazu schöne Seiten gestalten.

Welche Themen du behandeln möchtest, hängt ganz allein von dir und deinen persönlichen Interessen ab. Ein paar Arten von Freizeitseiten möchte ich dir aber kurz vorstellen.

Serien-/Film-Tracker

Ein Serien- oder Film-Tracker ist, wie der Name schon sagt, dazu da, die Serien und Filme, die du gesehen hast, zu bewerten und eine Liste mit den Sachen zu erstellen, die du noch ansehen möchtest. Das funktioniert mit allen gängigen Portalen. Du kannst daraus auch eine reine Filme- oder Serienliste machen, unabhängig von irgendwelchen Filmanbietern.

Habit-Tracker

Der Habit-Tracker ist eine der wohl bekanntesten Seiten im Bullet Journal. Auf Instagram und Pinterest gibt es sehr viele Anleitungen und Anregungen dazu. Ein Habit-Tracker ist dazu da, dein Verhalten zu analysieren und zu optimieren.

Mood-Tracker

Ein Mood-Tracker ist dazu da, deine verschiedenen Stimmungen zu notieren und zu analysieren. Genau wie beim Habit-Tracker gibt es beim Mood-Tracker unzählig viele Gestaltungsweisen und Layouts. Vielleicht lässt du dich ja von mir inspirieren.

Eine Playlist

Im Gegensatz zu einer Playlist auf deinem Smartphone ist es auch schön, eine Playlist-Seite in deinem BuJo zu haben. Wenn dir Musik so wichtig ist wie mir, wirst du sicherlich viel Spaß beim Gestalten haben. Du kannst dir zum Beispiel zu jeder Jahreszeit eine neue Playlist-Seite anlegen und so in der Zukunft immer darauf zurückblicken, wann du was gehört hast.

Eine Packliste...

...oder auch ein Urlaubsplaner ist eine total schöne Möglichkeit, sich auf einen Urlaub vorzubereiten. Damit kannst du schöne Restaurants oder Ausflugtipps notieren, aber auch planen, was in deinen Koffer muss.

Weitere Ideen für deine Freizeitseiten:

- Fitnessplaner
- Buchliste
- Finanzplaner
- Selfcare-Tracker
- Traum-Tracker
- Date-Ideen
- Partyplanung
- Bucketliste

Auf den folgenden Seiten zeige ich dir ein paar Ideen und Gestaltungsweisen für verschiedene Freizeitseiten! Viel Spaß beim Durchschauen und nachmachen!

Netflix-Tracker

Mit einem Netflix-Tracker kannst du festhalten, welche Serien und Filme du noch sehen möchtest und wie dir schon gesehene gefallen haben.

Material

- Tombow Dual Brush Pen 835
- Tombow Dual Brush Pen 992
- Edding Profipen 0,5
- Pentel Touch Brush Pen
- Sakura Gelly Roll 10

Für meinen Netflix-Tracker habe ich zunächst das Wort „Netflix" in Rot gelettert und sowohl mit einem grauen Schatten als auch mit einem feinen schwarzen Schatten hinterlegt.

Wenn du möchtest, kannst du dem Lettering noch ein paar Highlights mit dem Gelstift hinzufügen. Das Lettering habe ich nun bis zu den Rändern der Seite mit der Illustration eines Filmbands geschmückt.

Um die Schrift herum kannst du ein paar verschieden große rote Punkte aufmalen und darunter das Wort „Tracker" lettern; die Schrift hierfür kannst du frei wählen.

Unter dem Lettering habe ich eine Art Tabelle angelegt, die zwischen Serien und Filmen unterscheidet. Innerhalb der beiden Kategorien kannst du jetzt eine senkrechte Linie zeichnen, um auf der rechten Seite der Linie noch eine Spalte zu kreieren, in der du die Filme und Serien bewerten kannst. In der linken Spalte kannst du nun alle möglichen Serien und Filme notieren, die dir gefallen oder die du noch sehen möchtest.

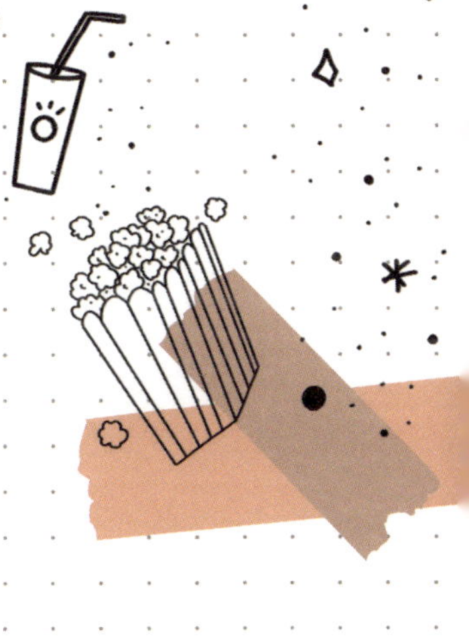

Am unteren Rand der Seite kannst du eine Legende festlegen. Ich habe das hier anhand von Herzen gemacht, die ich dann ausgemalt habe, aber du kannst dir da aussuchen, was du möchtest.

Die Seite kannst du jetzt noch mit ein paar Illustrationen wie einer Popcorntüte, Chips oder anderen Snacks dekorieren. Auf Seite 141 zeige ich dir ein paar passende Illustrationen.

Schon ist dein Netflix-Tracker fertig. Selbstverständlich funktioniert das Ganze zum Beispiel auch für Bücher oder Hörspiele oder andere Film- und Serienanbieter.

Habit-Tracker

Die Bezeichnung Habit-Tracker setzt sich aus den Worten Habit (engl. Gewohnheit) und Tracker (engl. Verfolger) zusammen. Wie der Name schon sagt, kannst du damit deine Gewohnheiten beobachten. So behältst du den Überblick, wann und wie häufig du etwas machst und wann nicht. Das Ziel ist, schlechte Gewohnheiten loszuwerden und gute Gewohnheiten zu stärken. So motivierst du dich selbst.

Entscheide für dich, welche Gewohnheiten du am liebsten tracken möchtest. Beliebte Themen sind zum Beispiel:

- genügend Schlaf
- Lesen
- Sport machen
- Lernen
- genügend Wasser trinken
- Aufräumen

Du kannst deine Gewohnheiten über eine Woche, einen Monat oder auch über ein Jahr hinweg tracken. Viele legen sich für jeden Monat einen eigenen Tracker an. Dabei gibt es ganz verschiedene Herangehensweisen für einen Habit-Tracker. Hier ein paar Beispiele:

Die Tabelle

Bei der Tabelle notierst du deine Habits untereinander, entlang einer imaginären „X-Achse". Entlang der „Y-Achse" notierst du die einzelnen Tage. Jetzt kannst du die Tage farbig markieren, an denen du einer Gewohnheit nachgehst.

Material

- **Pentel Touch Brush Pen**
- **Tombow MONO Drawing Pen 01**
- **Pflanzensticker**
- **Tombow Dual Brush Pen 192**
- **Tombow Dual Brush Pen 992**

Die Freiform

Zeitsparend und besonders frei, wie der Name schon sagt, ist die Freiform. Hierbei schreibst du deine Habits untereinander auf und zeichnest daneben kleine Kreise, die für die einzelnen Tage stehen. Diese kannst du nun ausmalen, wenn eine Gewohnheit zutrifft.

Die Monatsübersicht

Diese Art von Habit-Tracker nutze ich am liebsten. Hierfür notierst du deine Habits und zeichnest unter diese eine kleine Monatsübersicht. Wenn du einer Gewohnheit nachgehst, kannst du diesen Tag farbig markieren.

Du kannst deine Habits aber auch in einem Kreis oder in anderen Formen anlegen, hier gibt es ganz verschiedene Art und Weisen. Inspiration findest du beispielsweise auf Pinterest.

HABIT
tracker
> 3h Handy
1 2 3 4 5 6 7
8 9 10 11 12 13 14
15 16 17 18 19 20 21
22 23 24 25 26 27 28
29 30
> 7h Schlaf
1 2 3 4 5 6 7
8 9 10 11 12 13 14
15 16 17 18 19 20 21
22 23 24 25 26 27 28
29 30
sport
1 2 3 4 5 6 7
8 9 10 11 12 13 14
15 16 17 18 19 20 21
22 23 24 25 26 27 28
29 30
lesen
1 2 3 4 5 6 7
8 9 10 11 12 13 14
15 16 17 18 19 20 21
22 23 24 25 26 27 28
29 30
119
Tombow
MONO drawingpen
Water-based pigment ink marker
01

mood
TRACKER
2
3
4
5
6
7
8
9
10
11
12
13
14
15
16
17
18
19
20
21
22
23
24
25
26
27
28
29
30
31
=
=
=
=
Tombow ABT
Water-Based
025
Tombow ABT
Water-Based
925
120

Mood-Tracker

Mood bedeutet Laune oder auch Stimmung. Genau das hältst du in deinem Mood-Tracker fest.

MATERIAL

- **Tombow MONO Drawing Pen 01**
- **Tombow Dual Brush Pen 055**
- **Tombow Dual Brush Pen 062**
- **Tombow Dual Brush Pen 925**
- **Tombow Dual Brush Pen 905**

WIE GESTALTEST DU EINEN MOOD-TRACKER?

Ein Mood-Tracker besteht aus verschiedenen Kästchen oder sonstigen Symbolen, die Form kannst du frei wählen! Dabei steht ein Symbol für einen Tag deines Monats.

Jeder Stimmung ordnest du nun eine Farbe zu, welche die Laune gefühlt gut repräsentiert.

Hier ein paar Ideen für verschiedene Stimmungen (engl. Moods), die du tracken kannst:

- glücklich
- aufgeregt
- traurig
- wütend
- müde

Achte aber darauf, dass du nicht zu viele Stimmungen bzw. Farben verwendest, sonst könnte dein ganzer Mood-Tracker etwas zu durcheinander wirken. Ich würde sagen, drei bis sechs Moods sind perfekt geeignet, um sie übersichtlich tracken zu können.

Jeden Abend kannst du dich dann vor dein Bullet Journal setzen und überlegen, welche Farbe zu dem Tag passt. Es gibt übrigens auch Mood-Tracker, bei denen du mehrere Moods täglich notieren kannst.

WIESO FÜHRE ICH EINEN MOOD-TRACKER?

Das Ziel deines Mood-Trackers soll es sein, deine Stimmungen nicht nur zu dokumentieren, sondern, wenn möglich, auch zu verbessern.

Nimm dir abends gerne ein paar Minuten Zeit dafür, den vergangenen Tag zu reflektieren und darüber nachzudenken, wieso du dich so gefühlt hast und was du daran vielleicht sogar ändern kannst. Ein Mood-Tracker ist bestimmt nicht für jedermann etwas, aber ich finde, es ist immer wieder eine schöne Möglichkeit, sich etwas Zeit für sich zu nehmen.

Tombow ABT Water-Based 133
Tombow ABT Water-Based 173
Tombow MONO drawingpen Water-based pigment ink marker 01
sommer
PLAYLIST
UNTERWEGS
DRUGS YOU SHOULD TRY IT
travis scott
SONNENUNTERGANG
DURCH DIE NACHT
POOL
BEST INTEREST
tyler, the creator
BABYGIRL
shindy
High school
121

Sommer-Playlist

Die Sommer-Playlist zeigt meine Sommerfavoriten. Du kannst das Ganze aber natürlich umwandeln in eine Frühlings-, Herbst- oder Winter-Playlist.

Beginne damit, einen Ghettoblaster zu illustrieren. Wie das geht, zeige ich dir auf Seite 140. Um den Ghettoblaster herum kannst du ein paar verschiedene Noten und Punkte als Deko-Elemente platzieren.

Für das Lettering „Sommer“ habe ich mir was Besonderes ausgedacht: Hier erschaffst du einen Farbverlauf. Dazu startest du damit, dein Wort in einem hellen Ton zu lettern. Dann nimmst du dir einen etwas dunkleren Ton und malst damit die oberen zwanzig Prozent deines Letterings aus. Nun nimmst du dir wieder den helleren Stift und verblendest die beiden miteinander. Das Lettering kannst du nun mit einem Fineliner umranden und mit einem Schatten versehen. Wenn du möchtest, kannst du mit einem weißen Gelstift auch noch ein paar Highlights hinzufügen. Darunter habe ich mit einem dünneren Brush Pen das Wort „Playlist“ gelettert.

Nun zeichnest du für deine verschiedenen Song-Favoriten kleine längliche Kästchen.

Auf die linke Seite des Kästchens kannst du nun grob in ein kleines Quadrat das Cover des Songs mit Brush Pens illustrieren. Das muss auch nicht allzu ordentlich aussehen.

Außerdem zeichnest du dir in die Kästchen einen kleinen „Play“-Button und einen „Weiter“- und „Zurück“- Button, die an einen Song-Player erinnern sollen.

Jetzt kannst du den Song und den dazugehörigen Interpreten in den jeweiligen Kasten lettern. Schon ist deine Playlist-Übersicht fertig.

Material

- **Tombow MONO Drawing Pen 01**
- **Pentel Touch Brush Pen**
- **Sakura Gelly Roll 10**
- **Tombow Dual Brush Pen 133**
- **Tombow Dual Brush Pen 173**
- **Tombow Dual Brush Pen in weiteren bunten Farben**

Tipp

Wähle am besten zwei verschiedene Schriftarten, um Interpreten und Songtitel gut voneinander unterscheiden zu können.

PACK
liste
WICHTIG
Ausweis
Ticket
paris
KLAMOTTEN
5 Tops
3 Hosen
Bikini
Unterwäsche
Jacke
BAD
Zahnbürste
Zahnpasta
Medikamente
Make-up
Cremes
124
Tombow ABT
Water-Based
526
565

Packliste

Genau wie bei der Sommer-Playlist habe ich mich beim Lettering für den ersten Teil der Überschrift für ein Blending, also einen Farbverlauf entschieden. Nachdem du einen helleren und einen dunkleren Blauton ineinander verblendet hast, umrandest du dein Lettering mit einem Fineliner und hinterlegst es mit einem grauen Schatten. In dein Lettering fügst du nun ein paar weiße Punkte in verschiedenen Größen ein. Das erzeugt ein wenig den Effekt eines Sternenhimmels innerhalb des Letterings.

Für das Wort „Liste“ habe ich einen dickeren, schwarzen Brush Pen gewählt. In das Lettering schreibst du dann noch einmal das Wort mit weißem Gelstift hinein, um den gewünschten Effekt zu erzeugen. Darum herum kannst du nun noch ein paar Punkte und Sterne hinzufügen.

Unter die Überschrift habe ich eine Leine gemalt, an denen zwei Polaroidfotos befestigt sind. In die Polaroidfotos kannst du zum Beispiel ein paar Sehenswürdigkeiten des Ortes malen, an den du fährst.

Nun kannst du dir ein paar Kategorien überlegen, nach denen du packen möchtest. Ich habe die Kategorien „Wichtig“, „Klamotten“ und „Bad“ gewählt. In diese Kategorien kannst du jetzt alle Sachen, die du brauchst, einordnen. Wenn du möchtest, kannst du zu den verschiedenen Kategorien noch passende Illustrationen zeichnen.

Schon ist die Packliste oder der Urlaubsplan fertig!

MATERIAL

- **Tombow MONO Drawing Pen 01**
- **Pentel Touch Brush Pen**
- **Sakura Gelly Roll 10**
- **Tombow Dual Brush Pen 565**
- **Tombow Dual Brush Pen 526**
- **Tombow Dual Brush Pen in weiteren bunten Farben**

Illustrationen

Illustrationen

Schritt-für-Schritt-Anleitungen

Im ganzen Buch und auch auf den Fotos meines BuJos siehst du immer wieder verschiedene Illustrationen, sei es auf den einzelnen Monats- und Wochenübersichten oder auf den Freizeitseiten.

Für meine Monate und die dazugehörigen Themen habe ich mir immer ein paar passende Elemente ausgedacht und diese dann gemalt. Illustrationen können Deko-Elemente sein, aber auch dabei helfen, den geschriebenen Text zu visualisieren. Du kannst sie nur mit einem Fineliner anfertigen, du kannst sie als Aquarelle malen oder mit Brush Pens kolorieren, ganz wie du möchtest. Wenn es dir hilft, kannst du deine kleinen Illustrationen auch erst mit Bleistift vorzeichnen. Für mein Bullet Journal fertige ich meist schnelle und kleine Illustrationen mit Fineliner an, die ich dann mit meinen Tombows koloriere.

Die Anleitungen auf den folgenden Seiten sollen dir dabei helfen, Schritt für Schritt nachzuvollziehen, wie meine Illustrationen entstehen. Vielleicht fügst du deinem Bullet Journal auch selber schon eigene Illustrationen hinzu und kannst dich von meinen Ideen inspirieren lassen. Von Schneeflocken für winterliche Themen über Kakteen und Zitronen findest du hier ganz viele verschiedene Anregungen für alltägliche, aber auch besondere Seiten in deinem Bullet Journal.

Januar

Schneeflocken

Februar

Liebesbrief

März

Kakteen

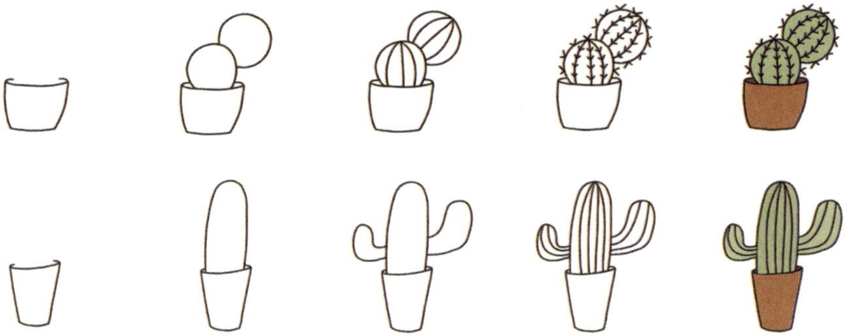

April

Bienen und Wespennest

Mai

Mohnblumen

Juni

Lavendelzweig

Juli

Wassermelone

August

Zitronen

September

Schulutensilien

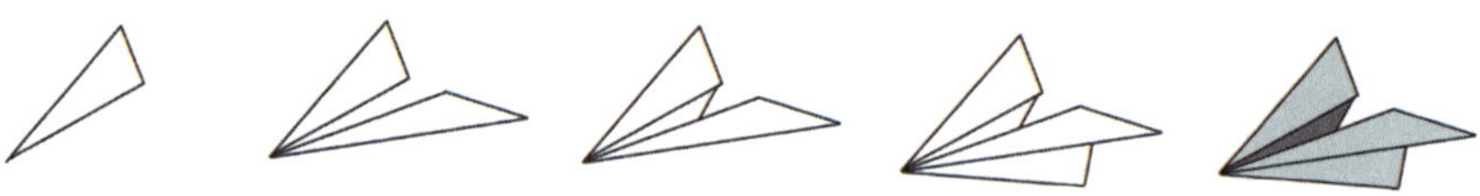

Oktober

Sonne

November

Kürbis und Blätter

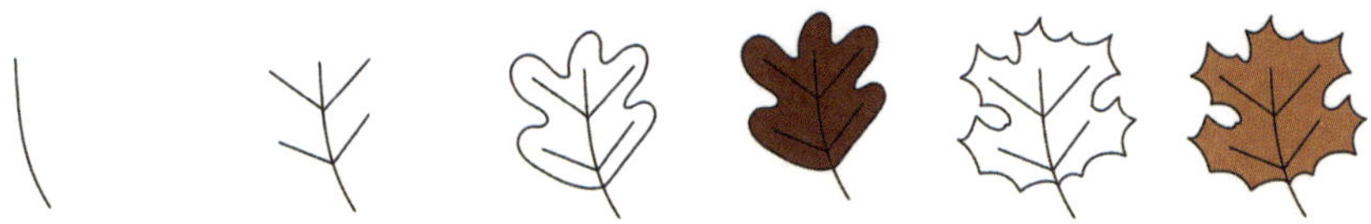

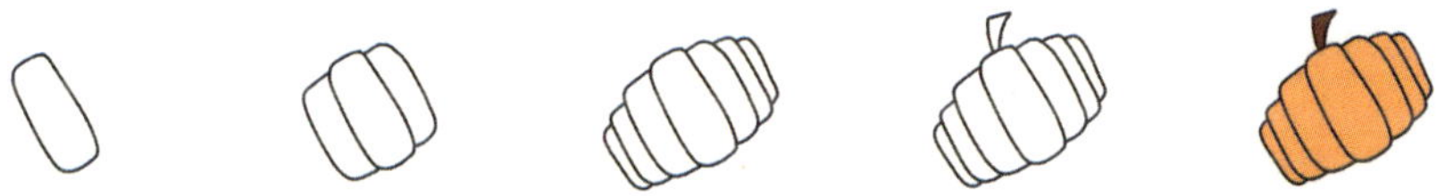

Dezember

Elch und Handschuhe

Sonstiges

Zelt

Glühbirne

Ghettoblaster

Kino-Motive

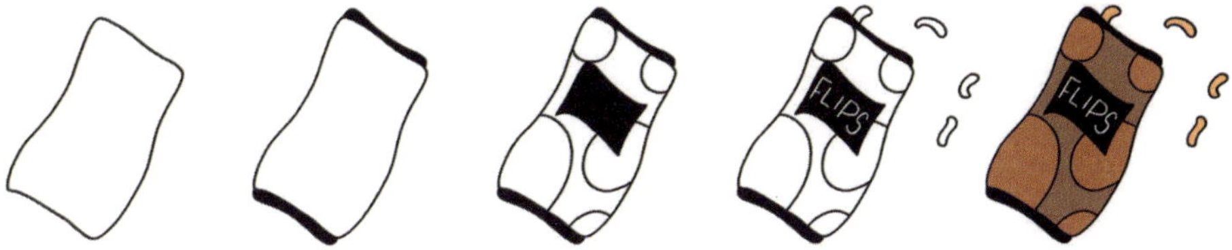

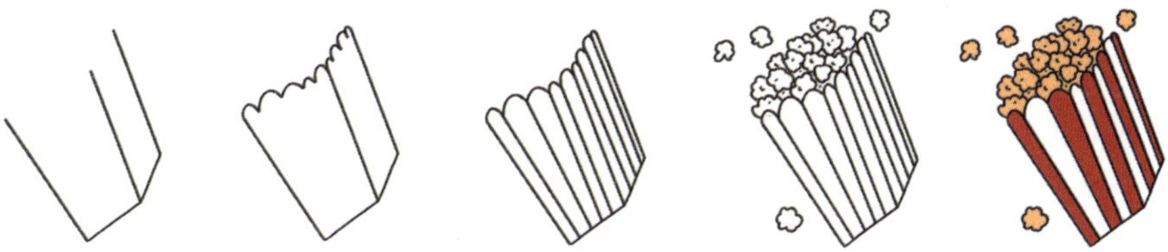

Über die Autorin

Lara Bette wuchs in Oberbayern auf und studiert in München Kommunikationsdesign.

Schon während ihrer Schulzeit entdeckte sie ihre Liebe zur Kunst, zum Design und zur Typografie.

Nachdem ihr normale Terminkalender für Schüler zu wenig Gestaltungsmöglichkeiten boten, begann sie bereits in der zehnten Klasse mit dem Bullet Journaling. Die Grundlagen des Bullet Journalings und das Handlettering brachte sie sich in dieser Zeit selbstständig bei.

Auf ihrer Instagramseite „laramachtkunst" teilt sie mit ihren Followern verschiedene Bullet-Journal- und Lettering-Inspirationen sowie ihre Liebe zum Hip-Hop.

Mehr von Lara Bette

Instagram: @laramachtkunst

Danksagung

Als Erstes möchte ich jedem danken, der dieses Buch gerade in seinen Händen hält. Danke, dass du es dir anschaust und dich vielleicht sogar davon inspirieren lässt. Es ist ein Riesentraum von mir, dass ich das hier schreiben durfte, und ich hätte niemals gedacht, dass ich jemals im Leben die Chance dazu bekomme. Erst recht nicht mit 21 Jahren. Danke dir aus tiefstem Herzen!

Danke Mama, danke Papa, danke Basti. So kitschig das auch klingen mag, danke, dass ihr schon immer an mich geglaubt habt. Ihr habt mich immer so viel unterstützt, wie es nur ging. Ihr seid das Wichtigste auf der Welt.

Danke dir so sehr Luki, dass du mich mit Kaffee versorgt und mich unterstützt hast. Dankeschön, dass du manchmal mehr an mich glaubst als ich an mich selbst.

Danke an all meine Freunde, die von diesem geheimen Buchprojekt wussten und auf allen möglichen Wegen versucht haben, mich zu unterstützen.

Danke an meine Lektorin Anne, die immer erreichbar war und mir bei allem Möglichen geholfen hat. Ohne dich wäre dieses Buch nicht das, was es ist.

Vielen Dank lieber Jean-Mi für diese Chance.

Danke an jeden Follower auf laramachtkunst. Danke, dass ihr euch schon so lange dafür interessiert, was ich mache, und meine Reise mitverfolgt.

Impressum

Bibliografische Information der Deutschen Bibliothek.

Die Deutsche Bibliothek verzeichnet diese Publikation in der Deutschen Nationalbibliografie.

Detaillierte bibliografische Daten sind im Internet über http://www.dnb.de/ abrufbar.

EIN BUCH DER EDITION MICHAEL FISCHER

1. Auflage 2021

Covergestaltung: Suparada Ströbel

Redaktion und Lektorat: Anneliese Roth

Layout: Suparada Ströbel

Satz: Carolin Mayer

ISBN 978-3-7459-0399-7

Gedruckt bei Polygraf Print, Čapajevova 44, 08001 Prešov, Slowakei

www.emf-verlag.de